LE DERNIER SALAIRE

CHRONIQUE D'UNE QUINQUA EN FIN DE DROITS

Margaux Gilquin
Avec la collaboration de Caroline Sers

Le dernier salaire

Chronique d'une quinqua en fin de droits

XO
EDITIONS

ISBN : 978-2-84563-863-1

Avertissement

Dans ce texte, récit de mes années difficiles, j'ai pris soin de protéger l'intimité des personnes qui ont croisé ma route en modifiant leur identité.

À ma Grande Sœur,
À Man'Lu.

Mai 2015

Dernier salaire

Mon dernier salaire – terme élégant par lequel je désigne mes allocations chômage, vu l'énergie et le temps déployés pour trouver un emploi –, c'était ce mois-ci. Le mois de mai. Vous savez, le joli mois de mai durant lequel fleurit le lilas, bleu, mauve, rose ou blanc ? Ben là, c'est moi qui suis blanche, voyez-vous. Blanche de rage. Blanche de peur.

Du coup, croyez-moi, ce dernier salaire, je l'ai regardé de près et je me suis offert des petits plaisirs. Vous pouvez en sourire, mais pour moi c'est un luxe de manger une glace sur les quais. Eh bien, ce luxe, je me le suis offert en regardant passer les péniches. Parfaitement ! Comme dans la chanson de Jonasz, qui m'a accompagnée lorsque je déambulais près de la Seine. « On regardait les bateaux… »

Chaque chose que j'ai achetée, chaque repas, chaque ciné, coiffeur, pédicure, etc., a fait partie de mes derniers petits bonheurs. Et je ne regrette pas, vu comment je me serre la ceinture aujourd'hui ! J'ai tout dégusté avec lenteur. J'ai bien ouvert les yeux.

J'ai bien compris que c'était peut-être la dernière fois avant longtemps, si ce n'était tout simplement pas la dernière fois.

Je vais donc devoir désormais tenter de survivre. Si je ne veux pas boire la tasse, je dois quitter mon appartement. Je n'ai plus de quoi payer le loyer. Dorénavant, je vais me débrouiller avec un peu plus de quatre cents euros par mois. Tout ce que je crains depuis presque huit ans est en train de se concrétiser. Je m'enfonce dans une précarité qui me pétrifie de peur.

Il y aura un avant et un après dans ma vie, désormais.

Avant, j'avais un métier. Que j'avais choisi. Je m'étais donné les moyens pour y arriver. Partie de rien, sans diplôme, j'ai passé mon bac à trente-quatre ans, un diplôme de secrétaire bilingue à trente-cinq, un BTS à trente-sept. J'étais devenue assistante de direction. Mais ça, c'était avant…

Depuis, j'ai connu notamment deux licenciements, sept ans de recherches d'emploi plus qu'actives, ponctuées de CDD, de petits contrats d'un ou deux jours, de tentatives pour faire du secrétariat à domicile, de vente de bijoux en ligne, d'ateliers Pôle emploi pour rédiger des CV, des lettres de motivation, des relances, prendre confiance en moi, inspirer confiance aux employeurs… et de suivis répétés auprès de conseillers de plus en plus désespérés.

Avant, j'avais la vie devant moi pour espérer un jour, moi aussi, avoir ma part du gâteau. Je me suis battue comme une lionne pour retrouver du travail. Peut-être trop, peut-être mal, mais je me suis battue.

Mai 2015 – Dernier salaire

Ma vie s'est transformée en long Koh-Lanta, avec plein d'épreuves et pas beaucoup d'immunités. Vous allez voir, je n'exagère pas…

*
* *

Les déménageurs sont là. Oh, ils ne sont pas nombreux. Ils sont deux. Ils ne sont pas professionnels non plus. Ils sont comme moi. Ils cherchent à s'en sortir. Ma cousine Martine me les a recommandés. Des gars de chez nous qui seront contents de se faire un peu de sous et de monter à la capitale.

Simplement, vu leur dégaine, je vois bien qu'ils n'ont pas l'habitude. J'en suis au quinzième déménagement et c'est la première fois que je demande à être aidée.

« Faites gaffe avec mes petits bibelots ! » C'est ma seule recommandation. Des souvenirs gardés précieusement de déménagement en déménagement, depuis ma plus tendre enfance. Ici, un âne corse rapporté par ma tante et mon oncle en 1969, été érotique où ils allèrent goûter les joies du naturisme à Calvi. Là, un verre enfermé dans un panier d'osier, souvenir d'une cure que mon grand-père a faite à Évian en 1972. Dans cette boîte en carton, le bouquet de fleurs séchées offert à ma grand-mère pour ses quatre-vingts ans en 1989. Je n'ai pas pu enfermer les larmes, les chansons, les regards et les sourires de ce jour de juin à Vendôme. Je les tiens au creux de mon cœur.

Je vois un carton mal fermé s'élever un peu haut, un peu vite…

— Oups, attention, ce sont mes CD !

Le cri est sorti du cœur et les larmes qui vont avec.

Je m'effondre à genoux, la tête entre les mains. J'ai cinquante-cinq ans. J'ai tout perdu.

*

* *

Rapidement défile le film des jours qui viennent de s'écouler. Prendre la décision de vendre mes meubles et mes objets, de les photographier pour les mettre en ligne sur un site spécialisé. Répondre aux mails des gens, à leurs sollicitations, à leur marchandage.

Déjà, là, je me suis sentie misérable, dépossédée, dépouillée. Minable.

Négocier le buffet ancien, la desserte. Tout négocier. Tout ce que j'ai mis du temps à acquérir va se vendre à un pauvre prix. Va être, souvent, « shabbysé » – un terme de mon invention, d'après un mouvement actuel, qui désigne les détournements d'objets, les réutilisations « tellement jolies » par des filles qui « réinventent les objets quotidiens ». Je préfère ne pas y penser.

Je préfère ne pas penser aux gens qui manipuleront les portes et les tiroirs de ces meubles qui sont, pour certains, de famille.

J'ai dû céder le linge brodé de mon arrière-grand-mère à des filles qui vont en faire des rideaux, des coussins, des torchons et qui les étalent sous mes yeux avec un air avisé, comme si, moi, j'étais la gourde qui n'a ni goût ni idées.

— Pourquoi le vendez-vous ? Vous devriez faire comme moi. J'adooooore revisiter, détourner le linge et les objets, me dit l'une d'entre elles.

Elle semble tout droit sortie d'un magazine de papier glacé qui parle d'une vie qui n'existe pas. Comprend-elle que j'en suis malade de me séparer de tout ça ?

Inspirer, expirer. Ne pas répondre.

Il y a eu, aussi, les vide-greniers avec Valérie et Mary, deux de mes fidèles copines. Chaque dimanche, elles ont mis tout leur cœur pour venir m'aider.

— Allez, tu vas voir, ça va être sympa ! me disaient-elles, enjouées.

Certainement, oui. Je vends pour quasiment rien des choses que j'ai adorées, dont je me suis entourée. Des choses qui me rappellent des pans de ma vie. Je vais les vendre, voire presque les donner, histoire de ne pas revenir à l'appart avec, ou les laisser sur le trottoir comme le font d'autres, pour ne pas s'encombrer…

Il faut tout liquider. Partir légère. Bien sûr, il y a toujours une âme positive pour me dire :

— C'est déjà ça. Vous pourriez ne pas vendre. Voyez le bon côté !

C'est ce que m'a un jour assuré une dame sur un vide-greniers.

Ça aussi, vous voyez, j'ai du mal à le supporter…

*

* *

Une légère brise vient caresser mes cheveux : ça fait du bien. Je regarde encore une fois le paysage, installée sur le balcon de cet appartement que j'ai tant aimé. Montmorency, quatrième étage, vue sur la vallée et, au-delà, Paris, à trente minutes en voiture.

Je vais tout perdre. Il me reste une nuit à passer ici et c'est fini. Je vais encore déménager alors que je croyais m'être enfin installée pour un bon moment. Je vais encore habiter un nouvel endroit, auquel je vais devoir m'habituer, moi qui déteste changer…

Une relation de ma cousine Martine a besoin d'une dame de compagnie depuis le départ de la sienne. Elle m'a proposé la place. Nourrie, logée, blanchie. Deux jours de repos, une voiture à disposition.

— Tu verras, tu seras bien, m'assure Martine.

— Certainement, oui. À cinquante-cinq ans, je vais être bien comme vieille fille au pair.

— Que tu es sotte ! Tu seras bien, je te dis ! Tu la connais cette dame en plus ! Il s'agit de Tante Marthe, dit-elle malicieusement.

Tante Marthe. Ça alors… Cette dame toujours élégante, gentille, discrète, que nous appelions comme ça, je ne sais même pas pourquoi d'ailleurs. Je l'avais presque oubliée et voilà que je vais être sa dame de compagnie.

Je vais pouvoir me reposer un peu. Arrêter ma course folle… J'ai atteint le mur, je suis sonnée, j'ai besoin de temps… J'ai besoin de me reconstruire, comme on dit. Car on m'a bien détruite…

Octobre 2008

Harcèlement

Tout a commencé par le départ de Jean-Noël. Mon directeur. On l'a remercié. Et méchamment. Mais lui, il a su se défendre. Il n'est peut-être pas parti la tête haute, mais il est parti avec un joli chèque. Ça aide. C'est bien les grands groupes pour ça.

Il a été licencié parce que, notre boîte venant d'être rachetée, les acquéreurs ont placé leur personnel en priorité, bien sûr. C'est un grand classique, mais entre voir venir et savoir réagir, il y a un monde, en tout cas chez moi.

Quatre « chefs » avaient débarqué chez nous, et on aurait dû comprendre rapidement que ça allait mal tourner, parce que l'un d'eux a viré les autres ! C'était un type assez flamboyant, sûr de lui. Charmeur, aussi. Et moi, je suis tombée dans le panneau. Il ne m'a pas draguée, non ! Mais il m'a séduite professionnellement…

Ce qu'il faut que vous sachiez, c'est que j'aime travailler ! J'aime l'ambiance d'un bureau qui fonctionne, j'aime remplir ma tâche avec le sentiment du travail bien fait. J'aime aussi, bien sûr, qu'on remarque mes efforts, mes capacités… Avec Jean-Noël, ce n'était pas facile tous les jours. Si j'ai énormément apprécié tout ce qu'il m'a appris, il poussait aussi parfois le bouchon un peu loin. Il fallait que je sois là avant lui tous les matins pour allumer son chauffage. Que je récupère son pressing au passage. Que je lui fasse son café… Le nouveau, il n'était pas tombé de la dernière pluie. Il a bien vu tout ça, et il en a joué. Il m'a valorisée alors qu'il rabaissait Jean-Noël, il a fait un travail de sape, il nous a séparés… Mais ça, je ne l'ai analysé que plus tard. Trop tard.

Une fois Jean-Noël parti, la cible, c'est devenu moi.

Et il ne m'a pas ratée !

J'en ai bavé, croyez-moi.

Son but ? Me faire démissionner pour ne pas avoir à payer des indemnités, bien sûr. Parce que mon départ était acté, de toute façon. Il avait quelqu'un à ce poste, inutile de doublonner.

Les techniques pour que je démissionne ? Elles sont classiques, vous avez lu ça partout dans les journaux, peut-être même vu à la télé, entendu à la radio…

D'abord, il a commencé par changer d'attitude avec moi. Terminé les sourires, plus de compliments, plus de chaleur humaine. Déjà, ça, ça m'a fait comme une douche froide. Je n'ai pas compris.

Ensuite, il s'est mis à me convoquer dans son bureau pour me faire des reproches. Rien n'allait plus. Je ne savais pas faire mon travail, je faisais des erreurs…

J'ai commencé à douter de moi. À ne plus dormir. À paniquer. Donc, entre la fatigue et le stress, à faire effectivement quelques erreurs... Le cercle vicieux.

Et puis il est passé à l'attaque devant tout le monde. En plein comité directeur, il s'en est pris à moi. Pour rien. C'est là que j'ai vu que j'étais seule. Personne ne m'a défendue, personne n'a été ne serait-ce que compatissant avec moi. En fait, tout le monde avait peur. Tout le monde avait compris que les jours des salariés de la boîte rachetée étaient comptés. Là, ça a été « chacun pour soi ».

À partir de ce moment-là, j'ai eu l'impression d'être entre les crocs d'un pit-bull. Secouée dans tous les sens, claquée d'un mur à l'autre. Je pleurais tout le temps, j'étais vraiment mal...

Un jour, il arrive et me lance – toujours devant tout le monde :

— Toi, je vais te mettre en formation !

— Ah bon, mais pourquoi ?

— Tu n'es même pas capable de prendre un rendez-vous ! Je vais te mettre en formation téléphonique...

Il a monté un bateau énorme, disant que je m'étais trompée. De mon côté, moi, j'avais tout gardé ! Tous les mails de préparation de ce rendez-vous. Mais en fait, personne ne voulait le savoir, que j'avais raison... Mon sort, il était déjà scellé, et j'étais bien la seule à ne pas le voir. À ne pas vouloir le voir... Tout le monde m'a lâchée, m'a laissée m'enfoncer en regardant ailleurs.

C'est arrivé au stade où, un jour, il m'a fait venir dans son bureau et, quand il m'a mis la main sur l'épaule, j'ai craqué.

— Ne me touche pas !

— Qu'est-ce que ça veut dire ? s'est-il étonné.

— Ça veut dire que tu ne me touches pas ! Tu me harcèles, ça suffit !

— C'est grave ce que tu dis là...

— Ce qui est grave, c'est ce que tu fais ! Alors ne m'approche pas !

— Bon, sors, va-t'en, rentre chez toi.

J'ai eu le bon réflexe, je ne voulais pas être prise en faute.

— Non, je reste. Je vais dans mon bureau, mais je veux voir la DRH. Et si tu ne la fais pas venir là, tout de suite, je saute par la fenêtre !

J'en étais arrivée là... Ce n'était pas une menace en l'air. J'étais à bout. Il a demandé à quelqu'un de rester avec moi – preuve qu'il me prenait au sérieux, sachant à quel point il m'avait démolie. Technique aussi, peut-être, pour que je ne touche pas à l'ordinateur. Mais mon ménage, je l'avais déjà fait.

La DRH a joué les ingénues, les « mais que se passe-t-il donc ? » avec de grands yeux étonnés. Je ne suis pas passée par quatre chemins.

— Vous savez très bien ce qui se passe, je vous en ai avertie ! J'ai tiré plusieurs fois la sonnette d'alarme !

Après, ils ont fait les choses dans les règles. J'avais un préavis que je n'effectuerais pas, les indemnités légales… pas grand-chose, par rapport à ce que Jean-Noël avait obtenu, mais voilà, moi, je ne savais pas me défendre…

Je suis quand même allée faire un tour chez le président-directeur général, histoire de lui dire ce que j'avais sur le cœur et tenter de le faire intervenir. Cet homme passait pour un patron préoccupé par le sort de ses employés, paternaliste quoi…

J'ai forcé le barrage de sa secrétaire. Celle-là, elle ne m'impressionnait pas, on avait commencé ensemble dans la boîte. Il était là, dans son beau bureau, bien confortable. Il m'a à peine écoutée et m'a dit qu'il était désolé, mais qu'il n'y pouvait rien… Moi qui croyais naïvement qu'un homme qui affichait à qui voulait l'entendre son bouddhisme, qui s'en gargarisait, aurait fait preuve d'un minimum de compassion… Mais je suis une éternelle rêveuse !

Donc voilà, je suis sur le carreau à quarante-huit ans.

Remarquez, le délégué syndical a été rassurant lors de l'entretien.

— T'es pas arabe ? T'es pas noire ? T'es pas obèse ? T'es pas handicapée ? T'es pas fainéante ? Allez, tu vas retrouver du boulot ! Tiens-moi au courant.

Je suis sortie, il faisait beau ce jour-là, je me suis baladée le long de la Seine. J'ai fait un tour à la Samaritaine, me suis acheté des fringues. J'ai pris un thé sur la terrasse tout en regardant Paris depuis le ciel. Ou presque.

J'ai même fait un tour de Batobus. Je me suis dit qu'il fallait tirer le meilleur de cette situation et que, pour cela, il fallait être calme et se faire plaisir. Je me suis donc fait plaisir.

Puis je suis rentrée. J'ai rangé mes fringues d'assistante de direction, me suis démaquillée et j'ai décidé de prendre mon temps jusqu'à la fin de l'année. De toute façon, j'étais, pour les deux mois à venir, toujours salariée de mon groupe, mon licenciement n'étant effectif que fin décembre.

*

* *

Durant ces deux mois, j'ai pris du temps pour moi. J'ai classé tous mes papiers – vous savez, le genre de trucs que vous vous promettez de faire, et puis le temps passe… Ensuite, j'ai trié les photos, j'en ai fait retirer, j'ai racheté des albums, j'ai tout bien organisé avec les légendes et tout ! J'ai fait ça bien.

Je regardais, chaque matin, les offres sur Pôle emploi et l'Apec, et je voyais bien que le marché du travail était un peu, comment dire… frileux ? Voilà, c'est le terme : frileux !

Je ne me suis pas inquiétée. J'aurais dû. En même temps, je ne pouvais pas faire n'importe quoi, puisque je n'étais pas encore licenciée… Donc pas question d'aller mettre un CV en ligne. Je n'osais pas non plus répondre à une offre, de peur qu'ils n'aillent prendre un renseignement auprès de mon ancien employeur et que cela ne joue en ma défaveur. J'ai été... ! Mais que j'ai été... ! (Complétez comme vous voulez...)

En fait, je paie le prix de mon honnêteté, de ma bêtise. Je paie le prix de mon ignorance.

Chercher du travail dans les années 2000 n'est pas chercher du travail dans les années 1980, et je n'étais pas armée pour ça. Pas soutenue non plus, eu égard à ce licenciement particulier qui n'offrait aucun plan de reclassement. Jetée à la rue comme une marchandise périmée. Poubelle et pis c'est tout.

Les semaines ont passé. J'ai fait un saut à Londres, un billet pas cher, dans la famille qui m'avait accueillie au pair et qui est devenue ma seconde famille, mes parents anglais. Roger, comme toujours, m'a gratifiée de conseils et Brenda m'a consolée.

Je suis ensuite rentrée et j'ai fait le tour de ma famille. Le genre de trucs que tu fais jamais parce que, encore une fois, tu n'as pas le temps. Ou que tu ne le prends pas. Ou encore que tu ne te le donnes pas. Le temps.

Du coup, je suis allée en Bretagne, dans le Loir-et-Cher et en Vendée. Puis j'ai préparé Noël, fait quelques menus cadeaux que j'ai pris soin de choisir. J'ai déambulé, pour cela, dans les magasins des Grands Boulevards. Je me suis offert un thé dans un salon réputé sur les Champs-Élysées. La belle vie.

J'étais payée à ne pas bosser. Quelle drôle de sensation ! Ton salaire qui tombe comme ça, chaque mois, sans que tu te lèves le matin, sans que tu stresses à longueur de journée, sans que tu te farcisses les transports en commun, le bruit, les conversations, les téléphones portables, les odeurs, etc.

Et puis j'ai rangé et nettoyé à fond mon appartement. J'ai fait un premier tri de trucs qui ne me servaient à rien, aidée d'un super livre expliquant qu'il faut être simple pour avoir la tête reposée. J'ai aussi appris à faire des listes de ce que je voulais, ne voulais pas. Et gna-gna-gna.

Enfin est venue l'heure de ce maudit rendez-vous de licenciement et le début des emmerdes.

À l'issue de l'entretien, mes collègues m'attendaient.

— Alors ?

— Bah, je suis virée, les filles. C'est officiel.

— Raconte ! demandent-elles en chœur.

Elles sont trois. Riri, Fifi et Loulou. Non, je plaisante : Sylvie, Constance et Isa.

— Bah, y a rien à raconter. Il a eu ma peau, c'est tout. Voilà, je suis virée. On va manger les filles ?

On est allées manger et on s'est promis de se revoir. Tu penses, dix ans de vie commune, ça ne s'efface pas comme ça. N'empêche, elles n'en menaient pas large. Ils sont forts, ces types. En te virant, ils sont sûrs qu'il n'y aura pas de rébellion…

C'est aussi une façon de mater le personnel. Vous avez quelque chose à dire ? Regardez donc ce qu'on a fait avec Gilquin ! Même les syndicats n'ont pas bougé. Ça tente quelqu'un ? Non ? Alors, au boulot et plus vite que ça !

De mon côté, j'étais sincèrement persuadée que j'allais trouver rapidement un emploi, encore une fois.

Octobre 2008 – Harcèlement

Encore une fois, vous demandez-vous ?

Oui. Avant d'intégrer ce grand groupe, j'en avais connu, des boîtes. Et des entretiens d'embauche… À la pelle !

Vous voulez que je vous raconte ? Allez, c'est parti pour une Brève Histoire de Ma Vie…

« J'aurais voulu être un artiste… »

Non, je blague !

Moi, ce que j'aurais voulu, au départ, c'est être militaire.

Ben oui, ça existe, des vocations comme ça…

Je n'étais pas très motivée par les cours – sauf celui de français, car j'ai toujours adoré la littérature –, j'y allais un peu en touriste, alors j'ai rapidement envisagé de ne pas faire des études longues… et elles ont été encore plus courtes que prévu, puisque j'ai quitté le lycée en classe de seconde ! Mes résultats n'étaient pas terribles, et ma mère a décidé que je serais mieux à la maison, à m'occuper de mes petits frères et sœur.

Le week-end, je travaillais dans une clinique, à faire les chambres, j'ai aussi vendu des chaussures, et je me suis constitué une cagnotte qui m'a permis de partir un an en Angleterre, au pair. Chez Roger et Brenda. J'ai été bien, chez eux ! Heureuse ! Libérée de ma famille, des obligations, des tensions aussi qui y régnaient parfois. J'ai pris mon envol, quoi…

De retour en France, je n'avais qu'une idée en tête : garder cette liberté à laquelle j'avais goûté.

J'avais déjà dans l'idée d'entrer dans l'armée, mais j'attendais d'avoir l'âge... Et puis j'ai croisé la route de celui qui est devenu le père de mon fils. Nous avons eu notre garçon. Nous n'étions pas préparés, comme on dit. Toute notre vie professionnelle en a été bouleversée. J'aurais pu – peut-être dû – ne pas renoncer à mon projet, mais j'ai cru que ça mettrait en péril la vie de famille que je voulais construire avec Matthieu. Alors j'ai laissé tomber...

Mon mari avait un métier : il était boulanger. De mon côté, il a fallu que je travaille, et vite. Accepter n'importe quoi pour faire face.

Je suis passée de femme de service dans la clinique – où ils m'ont reprise – à distributrice de prospectus puis démonstratrice de cosmétiques. J'ai bossé en usine, fait des ménages et puis j'ai eu un coup de bol : un remplacement en tant que standardiste. Et là, ma route croise celle d'un directeur qui me dit :

— Vous êtes trop jeune pour vous retrouver à vie derrière un standard. Prenez des cours du soir. Apprenez la dactylographie.

Oui, je sais, ça fait ancien. Mais bon, on est dans les années 1980. Je prends donc des cours du soir, chez Pigier, et je ressors avec un petit diplôme. À partir de là, je trouve du boulot plus facilement. D'abord dactylo, puis secrétaire (autre coup de bol, autre rencontre sympa), enfin, au terme de plusieurs remplacements, je finis par être embauchée comme secrétaire de direction dans un petit cabinet de services. C'est déjà ça...

C'est le début de ma carrière, et j'ai tout de suite trouvé mes marques dans le secrétariat : l'organisation, la méthode, être au cœur de la boîte, en contact avec tout le monde, c'est mon domaine. Je me sens bien, j'ai l'impression d'être utile, j'adore ça ! Et je suis libre. Indépendante.

Je peux m'offrir quelques petits plaisirs, faire les boutiques à l'heure du déjeuner quand j'en ai envie... Des petits riens qui sont tellement quand on ne les a plus ! Je commence ma vie professionnelle dans une certaine euphorie, et je suis loin de me douter de ce qui m'attend. Loin de me douter que dans trente-cinq ans, je n'aurai plus rien. Que j'aurai tout laissé derrière moi...

Mai 2015

« On the road again, again… »

Je me relève péniblement, sous le regard inquiet d'un des déménageurs qui s'est précipité pour m'aider quand je suis tombée.

— Ça va aller, ne vous en faites pas. Je suis un peu surmenée en ce moment.

Le camion a été vite chargé. Forcément, j'ai vendu mes meubles. J'emmène chez Tante Marthe le fauteuil et le secrétaire de mon grand-père ainsi que ma chaîne hi-fi. Le reste n'est que cartons d'albums photo, CD, DVD. J'ai même vendu mon linge de maison et ma vaisselle.

Vendu, donné. Je vous l'ai déjà dit ? Ah, désolée. Je suis encore sous le choc. Je finis par perdre le fil. Tout ça pour dire que si je redémarre un jour, je veux du neuf. Du pas touché. Du pas connu. Du sans souvenirs.

La nuit passe vite. J'ai gardé un poste de radio que j'écoute tout en faisant le ménage avant l'état des lieux. Je nettoie, je frotte, je lave le sol, les carreaux, la faïence, tout. Il faut que je récupère ma caution.

À l'époque, j'avais versé deux mois de loyer. Belle rentrée d'argent pour moi si je récupère tout.

De temps en temps, je prends une pause et vais fumer une cigarette sur le balcon. La ville est éclairée. C'est joli, toutes ces petites lumières partout au loin. Je pense à ma Mary, pas loin de l'autre côté de la forêt qui nous sépare. Je vais la perdre aussi en partant.

Dernier café pris dans la cuisine vide. Appartement vide. Cœur vide. Tête pleine de chagrin, de pleurs, de peurs, d'angoisses, de stress. Et si je sautais du balcon ?

« Montmorency. Une femme de cinquante-cinq ans s'est défenestrée après avoir fait son ménage à fond. »

Je me marre toute seule. C'est une sorte de réflexe de survie, l'humour, chez moi. J'imagine la scène façon film comique…

Je comate un peu devant mon café tout en écoutant une dernière fois les bruits familiers de mon palier. La dame de droite qui prend le train de 8 h 10, le gamin qui part au collège, le type à l'allure sinistre qui part en voiture chaque matin à la même heure on ne sait où. Il est tellement sinistre que personne ne lui parle. Toute cette agitation matinale me rappelle la chanson de Katerine « Borderline ».

La sonnette retentit. Un coup de blush vite fait, un peu de rouge à lèvres. Le propriétaire arrive en même temps que les gars, qui ont dormi dans le camion. Ils me disent avoir pris un p'tit déj' et une douche à la station-service. Je ne m'en veux même pas de ne pas leur avoir proposé. Je suis vide de tout, y compris d'attention aux autres.

Après avoir parcouru l'appartement pièce par pièce, M. Philippon m'adresse un sourire bienveillant et me tend un chèque déjà rempli.

— Je sais ce que vous allez me dire. Que j'ai deux mois pour vous faire le chèque et qu'il y a quelques trous aux murs. De vous à moi, mon fric travaille assez comme ça, je n'ai pas honte de le dire, mais j'aurais honte à vous faire poireauter dans votre situation. Prenez ce chèque, il représente les deux mois de loyer versés.

Je sens de nouveau les larmes arriver ; je n'en peux plus de pleurer comme ça, je m'étais pourtant juré d'être sereine. M. Philippon me tend l'état des lieux, le chèque et, accentuant sa pression de main sur mon épaule, me souhaite bonne chance.

En sortant de l'appartement nimbé de soleil, je m'oblige à ne pas voir l'image de Matthieu sortant de la chambre, à peine réveillé, et me demandant s'il reste du café.

Je m'efforce de ne pas entendre les éclats de rire de ma famille réunie au grand complet, oncles, tantes, frères, sœur, cousins, cousines, mari, enfant, neveux, nièces autour de la table dominicale ; de ne pas voir, encore et encore, mon mari en caleçon avec une blonde canon. « Merde, je t'ai pas entendue arriver... Non, attends ! Ce n'est pas ce que tu crois ! »

Je m'efforce de ne pas entendre le téléphone sonner m'annonçant la mort de mon père ; de ne pas entendre Minette miauler.

Je m'efforce de ne pas voir les dix dernières années de ma vie défiler.

Je me dissous.

Je m'oublie.

Je m'efface.

Je m'absente.

Je me quitte.

Je ne suis plus moi.

Je suis déjà l'autre.

Celle qui n'est plus rien.

*

* *

Ça faisait longtemps que je n'étais pas grimpée dans un camion de déménagement. Enfin, dans une fourgonnette. Celle-ci, immatriculée dans le Lot-et-Garonne, est rigolote. À mon goût, forcément.

Je suis assise devant entre les deux déménageurs.

Nous quittons la résidence pour emprunter les petites rues avant de prendre l'autoroute. Je me dis que c'est comme si je partais en vacances. Il fait super beau et chaud en ce mois de mai.

Je regarde défiler les petits pavillons en pierre meulière, ceux devant lesquels je suis si souvent passée. J'ai souvent imaginé que j'en achetais un et que j'y accueillais ma tribu. J'aurais eu un grand jardin plein de roses. De la glycine aussi. J'aurais installé une petite piscine. Et puis il y aurait eu un grenier dans lequel les enfants auraient découvert des tas de choses anciennes que j'aurais gardées. Voilà.

Les gars se préoccupent de savoir si je vais bien.

— Oui, ne vous inquiétez pas. Le plus dur est fait.

— Ce n'est pas facile de tout larguer comme ça, me dit le plus âgé des deux, François.

Gros soupir de ma part.

— Non, pas facile mais voilà, c'est fait. Y a plus qu'à.

Un silence gêné s'installe. François se concentre sur la route. Maxime, le plus jeune, s'est enroulé dans une couverture de fortune. Il est appuyé contre la vitre et il tente de s'endormir.

— Ça me fout le bourdon, moi, tous ces immeubles, et puis ce ciel voilé et toutes ces bagnoles. Comment vous êtes trop stressés ici, grommelle-t-il avant de fermer les yeux.

François éclate de rire.

— Ah ben, ça, c'est sûr que toi, tu ne pourrais pas vivre ici ! Tu parles d'un drôle, celui-là ! Toute la journée dans les vignes, le soir en bringue avec les potes, les week-ends Grass Track, féria, et j'en passe, alors tu penses, vivre ici, ça te tuerait !

Éclat de rire communicatif. Je n'ai même pas vu que nous nous étions engagés sur la bretelle d'accès de l'autoroute.

Le François est psychologue, parce que je vois bien qu'il essaie de me faire penser à autre chose.

— Vous serez bien dans le Sud-Ouest. Vous verrez.

— Je connais un peu.

— Vous y avez vécu ?

— Non, mais nos grands-parents à Martine et moi vivaient à Monteton. Nous y allions en vacances chaque été, et puis dans le courant de l'année nous venions y passer quelques jours. J'ai aussi fait un remplacement à Bordeaux, il n'y a pas longtemps.

N'empêche, je ne suis pas à fond. Si j'avais eu à choisir, je ne serais pas venue ici. Si joli soit le département, gentils les gens, bonne la bouffe, clémente la météo, je sais déjà que ce n'est pas ici que je vais trouver un boulot. Hélas ! Ça se saurait. Cette région, elle aussi, est frappée par le chômage, et de surcroît dans le tertiaire.

Alors déjà que je n'ai pas été épargnée à Paris, je ne vois pas pourquoi, à trente kilomètres de Marmande, je trouverais *the* job de fin de carrière.

— Martine est votre cousine, c'est vrai. Du coup, Marthe est votre tante ? questionne François.

— Non, ce n'est la tante de personne. On l'a toujours appelée Tante Marthe, je ne sais pas pourquoi. Je la connais bien, mais je ne l'ai pas vue depuis un moment. Et vous, vous connaissez Martine depuis quand ?

— Depuis mon installation à Duras. Nous sommes voisins et je travaille pour Marthe. Je suis autoentrepreneur touche-à-tout. Je fais son jardin, je m'occupe des petites réparations dans sa maison, tout ça, tout ça. Liste non exhaustive, comme le précise mon flyer !

— Ah, OK… Vous n'êtes pas du coin non plus. Je me disais aussi que vous n'aviez pas trop l'accent.

Nouvel éclat de rire.

— Eh non ! Putaing, cong, j'y ai échappé !

— Échappé ?

— Oui. J'en raffole pas de ces deux mots et, de vous à moi, l'entendre à longueur de temps me fatigue un peu !

— Ah oui, en effet, ce n'est pas terrible.

Il a un joli sourire, François. Je l'observe de profil et je le trouve pas mal du tout. Il ressemble à cet acteur, là, du feuilleton *Mes amis, mes amours, mes emmerdes.*

— Vous n'êtes pas la première à me le dire. Mais ce n'est pas moi et ce n'est pas mon frère non plus. Je n'en ai pas !

Encore un éclat de rire. Décidément, il est bien sympa ce gars.

— Ça ne vous dérange pas que je mette Triskilian ? me demande-t-il en cherchant d'une main ses CD.

— Connais pas.

— Connaissez pas ? Ah, alors c'est l'occasion de découvrir.

La musique me berce. Je regarde la route défiler sous mes yeux, les paysages changer au fur et à mesure que l'on roule.

Nous sommes partis. Bel et bien partis. Mais nous ne sommes pas sur la route des vacances.

Juste sur la route de ma nouvelle vie. Du reste de ma vie…

Janvier 2009

« Madame Gilquin, il fait froid... »

Je laisse passer quelques jours après les fêtes, histoire que tout le monde se remette de ses émotions, puis j'attaque. Il faut que je trouve un emploi rapidement. Je suis assez reposée, j'ai mis mes papiers en ordre, mon appart est propre et rangé. Je suis prête.

Le temps n'est pas super, super. Certes, nous sommes en janvier, mais tout de même, il fait – 4 °C à Paris en ce mardi 6 et, franchement, on n'a pas bien envie de sortir. Une vague de froid venant de Russie est attendue. Et pourtant il va falloir que je sorte. Je laisse encore passer quelques jours, durant lesquels je navigue sur le Web, piste quelques offres, pose des jalons.

Je décroche un rendez-vous à l'antenne d'une administration (une de ces agences créées pour aider les chômeurs, ne me demandez pas laquelle exactement, je n'ai toujours pas compris...) et, là, je vais vivre un moment incroyable. J'ai rendez-vous dans une sorte de club de cadres au chômage. Bon, je ne suis pas cadre, mais à la guerre comme à la guerre.

Et puis, mine de rien, des assistantes de direction cadres, y en a plein.

Cette antenne se trouve dans une sorte d'arrière-cour. Le lieu est sympa. Comme disent les bobos, « ça fait un peu campagne »...

Dans le hall règne une ambiance, comment dire... Je n'ai pas de mots, tiens. Une drôle d'ambiance. Pas un bruit. Je vois juste une jeune femme à l'accueil qui lève le nez sans me dire bonjour.

— Vous venez pour quoi ?

— J'ai rendez-vous avec Mme Trucmuche à 15 heures, lui réponds-je sur le même ton.

— Mme Trucmuche, tchoup-tchoup-tchoup, fait-elle en se tapant les lèvres... Mme Trucmuche, je cherche, hein, vous patientez.

En même temps, je ne vais pas me sauver... Au bout d'un moment, je me risque à lui demander si elle est nouvelle.

— Pourquoi me demandez-vous ça ?

— Je ne sais pas, mais vous allez l'air de ne pas connaître Mme Trucmuche.

— Mais je ne peux pas connaître tout le monde, vous savez !

— Ah bon ? Vous êtes nombreux ici ?

Pas de réponse. Elle fronce les sourcils, tapote avec son crayon sur le bureau et pousse un cri.

— Ah, ça y est ! Mme Trucmuche, je l'ai trouvée !

Sans me regarder, elle compose son numéro et, toujours sans me regarder, elle dit :

— J'ai Mme...

Bien obligée de se tourner vers moi, elle me demande :

— Euh… madame qui vous m'avez dit ?

— Je ne vous ai rien dit mais ce n'est pas grave. Mme Gilquin.

Elle me dit de suivre les flèches bleues.

Deux minutes plus tard, je suis reçue par une créature qui semble sortie directement des années 1970 et qui ne sait pas que les jupes indiennes et le patchouli, c'est fini. Baba cool, ce n'est pas le terme. New age, peut-être ? Aux murs, des posters genre indiens. Sur son bureau, des supports à encens et, bien sûr, de l'encens. Mais là, ce qui fume, c'est un truc improbable. Une odeur d'eucalyptus citronné ! Même les pastilles des Vosges sentent meilleur.

— Asseyez-vous, me dit-elle avec un sourire qui se veut zen.

Je réprime un fou rire.

— Quelles sont vos attentes ? questionne-t-elle.

— Je cherche un travail. En CDI si possible.

Elle ne parle pas, elle marmonne et, soudain, elle a les yeux clos. J'attends. Je regarde par-dessus les toits et je me demande ce que font mes collègues, là, en ce moment. Quel comex organisent-elles ? Quel comité de pilotage ? Soudain, j'entends un claquement de doigts.

— Ah, vous voilà revenue, me dit-elle.

Le sourire est béat. J'hallucine. C'est elle qui s'échappe en microméditation et c'est moi qu'on réveille…

Elle s'est calée au fond de son siège, à tel point que je pense qu'elle va se casser la margoulette. Sérieux, elle a un grain, je me dis...

— Vous voudrez bien signer votre bon de présence, me lance-t-elle.

— Mon bon de présence ?

Un bon de présence, pensé-je. Ça se dit encore, ça ?

— Oui, ce petit formulaire qui atteste que vous êtes venue au rendez-vous.

Elle soupire.

— Vous savez, l'administration... Il faut justifier nos postes.

Si ça lui fait plaisir. Pourquoi pas, du moment qu'on ne me demande pas des sous.

— Bien sûr, je vais le faire, mais vous n'avez rien à me proposer ?

— Comment ça ? me demande-t-elle.

— Eh bien, comme je vous le disais en arrivant, je cherche un emploi d'assistante de direction.

J'avance timidement mon CV devant elle.

— Ah oui, oui, un travail. Ah ça, ma chère, voyez-vous, en ce moment, du travail, il n'y en a pas. Mais je vous propose de consulter notre site le plus souvent possible.

— D'accord, je le ferai. Puis-je avoir vos coordonnées, une carte de visite ?

Comme à regret, et avec beaucoup de lenteur, elle me tend une carte.

— Madame Gilquin, à quarante-huit ans, ne vous faites pas trop d'illusions. Et puis on va arriver en février, il fait froid. Les employeurs ne pensent pas à embaucher. En plus, avec tous ces microbes qui traînent partout, rentrez chez vous, mettez-vous au chaud et reposez-vous. Vous reprendrez contact avec moi plus tard.

Voilà, alors ça, c'est fait. Je note dans mon calepin : quarante-huit ans trop vieille – janvier-février trop froid – microbes partout – rentrer maison – pas déranger la dame.

Je me souviens que, ce jour-là, je suis allée au Starbucks de la gare Saint-Lazare. J'ai eu envie de m'y asseoir. De regarder passer les gens tout en buvant un truc délicieusement dégueulasse et en m'empiffrant d'un cheese-cake.

Je l'ai fait, puis je suis rentrée chez moi.

Mai 2015

Mes terres

Passé Bergerac, j'ai senti comme un soulagement chez François. Il est moins crispé au volant. Nous n'avons pas beaucoup parlé et je lui en suis reconnaissante. Je me suis endormie, la tête contre son épaule, sans le faire exprès. Ce sont ses mouvements pour changer de vitesse qui m'ont réveillée. Gênée, je me suis excusée. Il a souri.

J'ai regardé les paysages familiers se dessiner sous mes yeux. Que c'est beau, franchement. Toute cette verdure, toutes ces fleurs déjà. L'architecture caractéristique du coin, les pigeonniers, les champs, les vallons, les odeurs.

Tout à coup, j'ai senti une bouffée d'allégresse poindre : je me sens chez moi ici. C'est ma terre, mes odeurs, ma lumière… C'est un sentiment étrange que celui de se sentir attachée à un pays où, finalement, je n'ai pas passé beaucoup de temps. Je venais en vacances, chez les parents de ma « petite maman », comme j'appelais la femme de mon père. Ils étaient tellement gentils avec moi. Tellement chaleureux… Ils me gâtaient comme si j'étais vraiment leur petite-fille, me couvraient d'attentions. Chez eux, pas question de s'occuper des tâches domestiques. Je retrouvais mon statut d'enfant. Je jouais toute la journée, mangeais de longues tartines de confiture pour mon goûter, m'endormais en lisant les classiques de la littérature enfantine. Un rêve dont je retrouve la texture en contemplant les collines depuis la route de crête que nous suivons.

Nous empruntons la côte qui descend de Duras vers Allemans-du-Dropt et nous arrivons chez Tante Marthe, à Monteton.

Ma cousine, prévenue par un SMS, a accouru de Duras. Elle est là, devant le portail. Noiraude comme un pruneau d'Agen. Les rides en moins… que le pruneau. Mais ça, vous aviez compris !

Martine est gentille, souriante, bienveillante. Elle nous fait signe que nous pouvons nous engager dans l'allée. François manœuvre avec prudence cette petite fourgonnette rigolote. Nous avons passé deux jours ensemble, dont dix heures de trajet, et une petite complicité s'est installée. Maxime a dormi durant tout le voyage, sauf la pause « miam-miam-pipi-café-clope ». Je l'entends vaguement grogner avant d'émerger. Il s'étonne que l'on soit arrivés.

— Putaing, vous auriez pu me prévenir !

François et moi échangeons un regard et réprimons un fou rire. Le fameux « putaing » que nous détestons est sorti naturellement de la bouche de Maxime. Manque le « cong ». « Ça devrait pas tarder », semble me dire François. On se comprend déjà, lui et moi. Sans se parler.

— Pourquoi, tu te serais fait une beauté ? lui lance François.

— Oh, cong ! tu te fous de moi, répond Maxime.

Nous éclatons de rire François et moi.

« Putaing, qu'il est beau ce cong », me dis-je.

J'aperçois Tante Marthe appuyée sur sa canne, qui nous regarde. Elle est vraiment belle. Elle aussi est souriante, chaleureuse. Au moins, j'ai ça, me dis-je. De la gentillesse. En descendant de la fourgonnette, je me sens soudain prise en main. Je sens une bienveillance collective et naturelle. Et s'ils n'avaient pas été là ? Ma sœur a dit qu'elle viendrait dans la semaine. Il me semble être rentrée à la maison après avoir été sauvée par les miens.

Sauf que je ne suis pas chez moi. Que c'est provisoire. Qu'il va falloir prendre des forces avant la prochaine bataille. Ça fait un drôle d'effet. J'ai moins peur, je suis un peu triste encore, mais j'ai moins peur.

François me propose de décharger demain.

— De toute façon, la nuit va tomber, on est claqués. On y verra clair demain à la fraîche, ça vous va ?

— Ça me va. Je veux juste récupérer mes affaires de toilette.

Après m'avoir aidée à trouver mon vanity, il s'éloigne pour aller saluer Tante Marthe. Il a tout pour lui décidément. Martine me glisse à l'oreille :

— Oublie tout de suite !

— Ben ça ne va pas, toi ! lui dis-je.

— C'est ça, et moi je suis la reine d'Angleterre, me dit-elle en souriant avant de reprendre plus sérieusement : Il revient de loin.

Voilà, c'est dit.

— Enfin en même temps, même si je m'accorde le loisir de trouver un mec beau, sympa et courtois, là, tu vois, je n'ai pas la tête à ça, Martine.

— T'as peut-être pas la tête, mais t'avais les yeux.

Gloussements de filles. J'adore. J'ai toujours adoré ça. Et puis, va savoir pourquoi, d'un coup, je me mets à pleurer, là, comme ça, comme une gourde. Martine me prend contre elle et me murmure un mot gentil.

La voix de Tante Marthe s'élève depuis le perron :

— Eh bien, je vois une jeune fille fatiguée ! Venez vite vous rafraîchir et vous restaurer.

Je traverse le jardin odorant, accompagnée d'un joli chat gris venu à ma rencontre, pour rejoindre Tante Marthe.

— Viens te reposer, me dit-elle, Martine et moi avons préparé un dîner léger et frais. Ça va vous faire du bien à tous.

Nous prenons place dans la grande cuisine de cette maison ancienne de style girondin. Les voix s'élèvent, les conversations s'animent, tout le monde est simple, souriant, chaleureux sans être familier.

La nourriture est bonne, a du goût. Le vin est bon. Tout est beau. Il fait calme. Il fait chaud au cœur. Je crois voir l'ombre de papa. Je dois être fatiguée.

Tante Marthe me regarde et me sourit.

— Tu vas être bien, Margaux.

Mars 2009

La crise

Bashung est mort.

J'écoute en boucle la télé, la radio, tout, absolument tout ce qui parle d'Alain Bashung. J'achète tous les journaux qui existent. Je n'aimais pas Bashung : je l'adorais, le vénérais, l'idolâtrais.

Il est mort. Sujet, verbe, complément.

« Ah ! il sait tout mon petit doigt », chantait-il dans les années 1980. Savait-il qu'il serait atteint par cette saleté qui, trop souvent, fait mouche ?

Je ne peux m'empêcher de penser à tous ces demandeurs d'emploi atteints de cette maladie qui les fait tomber dans une précarité extrême, à l'image de Nathalie, une relation commune à Constance (mon ancienne collègue) et moi. Elle aussi licenciée d'un groupe, sans gros chèque non plus, elle est en recherche active d'emploi. Elle a été recrutée pour un CDD pendant près d'un an durant lequel elle a passé dix mois à mettre en place un projet de management de transition. Elle a formé une équipe à cette fonction. Et fin de contrat. Bye. Merci d'être venue.

Un jour, épuisée, elle me dit :

— J'y ai mis mon expérience, ma disponibilité. J'ai transmis un savoir-faire avec passion et pour quel résultat ? Fin de contrat. Assedic réduits de moitié car je suis en longue maladie. Je ne sais pas quel sera mon avenir si je m'en sors. Il faut absolument que je travaille, sinon, la rue ! À mon âge, comme toi : galère !

*

* *

Avril 2009

Toujours aucune nouvelle de Pôle emploi concernant mes recherches, sauf pour me dire que je suis prise en charge à compter du mois courant, et ce durant deux ans. Que mes indemnités de départ et mes congés payés comptent pour le calcul de la prise en charge, gna-gna-gna, carence, tout ça. En gros il ne me reste rien de mes indemnités de licenciement, car je dois vivre dessus, et sur mes congés payés, en attendant de toucher une allocation.

J'aurais bien aimé moi aussi avoir un tout petit parachute doré, quelques indemnités à placer sur un compte épargne. Bah quoi ? Les autres l'ont bien, pourquoi pas moi ? Ça permet juste d'avoir moins peur…

Et puis je me pose vraiment des questions sur Pôle emploi : c'est dès le début que nous devrions être pris en charge, épaulés. On ne devrait pas nous laisser comme ça les bras ballants à attendre, sans savoir où chercher, dans cette jungle. Les mois de carence, on est seuls…

Tout le monde n'a pas l'énergie ou les informations pour se prendre en main. En nous accompagnant, on gagnerait du temps. Je me suis débrouillée seule et, croyez-moi, j'en ai perdu du temps. Trop de temps, faute d'informations. Faute de connaissances des nouvelles techniques de recherche d'emploi. En dix ans, tout avait changé et Internet était passé par là, modifiant les règles du jeu que j'avais connues.

Sur les conseils de mes copines, je m'inscris donc sur plusieurs sites : Monster, Meteojob, Apec, Pôle emploi et autres. Je tente d'infiltrer les boîtes d'intérim et, là aussi, c'est difficile. Avant, on prenait la rue de la Pépinière à Saint-Lazare, par exemple, et on poussait chaque porte des boîtes d'intérim. On allait de crèmerie en crèmerie. On se présentait, on passait des tests et on était inscrits. Va faire ça, maintenant.

Il faut répondre à des offres ou s'inscrire sur leur site. Et, si le moteur reconnaît une adéquation entre ton CV et l'offre, un consultant te contacte.

Mes journées sont bien rythmées. Je me lève comme quand je bossais. Je déjeune, je range, j'aère, je me douche, je me maquille, je m'habille. À 10 heures, je suis devant mon écran et je cherche. Je cherche. Je cherche.

Et je ne trouve pas. Je ne trouve rien. Je n'ai pas de réponse. Aucune.

Tout le monde me dit que c'est normal, que la crise tape fort. Plus tard, on nous parlera de *la* fameuse crise de 2008. Elle a bon dos, tiens, cette crise.

« Fallait pas m'quitter, tu vois, il est beau le résultat... »

J'aurais dû rester à la Poste... Ou plutôt aux PTT, comme on disait à l'époque.

Juste après avoir rencontré mon mari, j'y avais trouvé un emploi. J'aurais pu être titularisée, avec un peu de patience. Mais je n'en ai pas eu. J'étais jeune mère de famille et, franchement, vivre à Rouen pour travailler à Paris, avec un bébé en plus, ça faisait beaucoup.

Et puis mon mari avait un peu la bougeotte. Il a décidé de changer d'orientation professionnelle et s'est mis à bosser en tant que commercial. Il a grimpé les échelons de sa boîte, a été muté de ville en ville.

Dès le début, il est allé de soi que j'allais le suivre, faire passer sa carrière en premier. Un reste de notre éducation tellement classique à l'époque de nos parents. Les femmes n'avaient pas de carrière propre, elles devaient s'occuper des enfants et de la maison. Mon salaire ? Négligeable...

À chaque nouvelle affectation, je cherchais un poste – que je trouvais. Le marché du travail était moins tendu, à l'époque ! Je prenais contact avec les agences d'intérim du coin, je faisais les petites annonces. Le souvenir que je garde de cette époque, c'est que, même si le chômage faisait déjà parler de lui, on trouvait. Les entretiens étaient moins tendus, moins pervers… On se présentait, on parlait du job, et on faisait l'affaire ou pas… Cela me paraît tellement loin, maintenant. Une époque révolue où les relations humaines semblaient tellement plus faciles, plus apaisées.

Quand on travaillait tous les deux, on avait une vie agréable. On était logés, on faisait la fête avec nos amis, on s'amusait… On ne mettait rien de côté, mais on s'amusait. On vivait comme des oiseaux sur la branche. Quand j'y repense, je me dis qu'on a vraiment été une génération bénie, jusqu'à un certain point. On est nés après la guerre, et on a été choyés, d'une certaine façon. La vie, hormis les péripéties que chacun a connues, a été globalement facile pour nous. Pas de restrictions, une enfance dans une période de plein-emploi, pas de stress, pas de menaces comme peuvent en avoir les jeunes maintenant… Oui, on a été gâtés et du coup on a mis du temps à comprendre que la société changeait.

Je n'ai jamais été angoissée à l'idée de perdre un boulot, pendant ces années. Ni à l'idée de déménager encore une fois. Je suivais, je m'occupais de mon fils et je trouvais de quoi améliorer l'ordinaire.

Mais du coup, j'ai eu une carrière chaotique. Je ne me suis fixée nulle part avant longtemps. Évidemment, avec le recul, je me dis que j'ai été bien poire ! Mais je suis comme ça, moi, je veux que tout le monde aille bien, et je pense que ça dépend de moi. Je me suis toujours mise en quatre pour aplanir les difficultés de mes proches, pour faire en sorte – ou tenter, du moins – que l'harmonie règne. C'est l'histoire de ma vie, ça... Un reste de mon enfance de fille de divorcés, peut-être.

Une fois, j'ai trouvé un poste vraiment parfait. Assistante de direction chez France Telecom. J'avais démissionné de mon emploi précédent, signé chez eux, avec la bénédiction de mon mari... qui m'a annoncé juste après qu'il était licencié et avait trouvé une place dans un autre département. J'ai abandonné ce boulot. Je me disais que si je ne suivais pas mon mari, et que ça ne marchait pas pour lui, ce serait ma faute. Je l'ai suivi, et ça n'a pas marché quand même. Pourtant, c'était la chance de ma vie. Et voilà, toujours la même ! Parfois, je me bafferais !

Pour tout vous dire, je crois que j'ai été élevée comme ça, à faire plaisir à tout le monde. Et surtout à ne pas dire non, à ne pas m'opposer à ce que les « adultes » avaient prévu. Je me rabaisse, je pense que je dois obéir, je me dis que c'est normal de passer en dernier. J'ai toujours laissé mes rêves de côté parce qu'on me disait que ce n'était pas possible, que je devais m'occuper de mes frères et de ma sœur, que je devais suivre mon mari, que je ne pouvais pas refuser...

Je suis toujours passée après tout le monde, et maintenant j'en paie le prix.

Mai 2009

Burn-out

Il fait beau et j'ai une pointe dans le dos qui ne me lâche pas. Je fais un peu d'exercice pour ne pas trop m'ankyloser, mais je fatigue vite. Je déprime beaucoup, je commence à ne plus avoir envie de rien. Ni de sortir, ni de voir du monde, ni de téléphoner. Les messages s'accumulent sur mon répondeur, je n'y réponds pas. Quelques courriers d'amies réfractaires à l'ordi restent sans réponse. J'ai mal partout. Partout. La douleur s'étend aux jambes. Un matin, je ne peux pas me lever et, surtout, j'ai une douleur affreuse dans la mâchoire, le bras gauche, et je respire mal.

Médecin. Urgences. Pétage de plombs. Confusion dans mes propos. Piqûre. Dodo.

Je lirai, plus tard, que le taux de mortalité des chômeurs est important et que cela est préoccupant. Le burn-out en revanche est, dans l'esprit de tout le monde, réservé aux salariés. Ce qui est faux. Je n'ai jamais été aussi épuisée qu'en recherche d'emploi.

Cela fait six mois que j'ai été licenciée et je n'ai même pas décroché un entretien. Je suis plus qu'inquiète. Je suis terrifiée.

Mais je me ressaisis. Je n'ai pas d'autre choix que celui de me ressaisir. Le médecin, avec qui j'ai longuement discuté, me dit que, même lorsque l'on ne travaille pas, on a le droit de faire une grasse matinée. Qu'il faut que je me balade, que je lève le pied.

— Faites-vous plaisir de plein de façons qui ne coûtent pas cher ! Prenez du vrai plaisir, celui qui donne de l'énergie. C'est de ça que vous allez avoir besoin !

Oh ! Comme j'aimerais l'écouter, suivre ses conseils… Mais j'ai une boule au ventre, je me sens perdue dans ce monde de la recherche d'emploi que je n'ai pas fréquenté depuis longtemps. J'ai l'impression de ne plus savoir comment faire, de ne plus rien comprendre.

Je reçois deux offres de la part de ma conseillère Pôle emploi. Je m'empresse de les consulter et, là, je vous avoue que je reste bouche bée. Ça n'a aucun rapport avec ma formation ou mon expérience.

Vous voulez en lire une ? Allez, rien qu'une…

« Au sein de notre camping, vous aurez en charge en journée la réception de notre clientèle. En soirée, vous participerez aux animations ; grâce à votre bonne humeur, vous assurerez l'ambiance. »

Pourquoi me l'a-t-elle envoyée, me demandez-vous ? Mais parce que je lui ai dit que je cherchais aussi ailleurs que chez moi et qu'être réceptionniste dans un camping quatre étoiles ne me déplairait pas. Mais animatrice ? Mettant de l'ambiance ? Le mystère demeure. Mieux vaut en rire… et j'en ai ri, croyez-moi !

Je n'ose vous décrire ici toutes les situations farfelues dans lesquelles je me suis imaginée en tant qu'animatrice mettant de l'ambiance dans un camping. Je pense que ma préférée reste celle où je me voyais déguisée en Casimir, faisant le tour de la piscine.

Pas mal, non ?

Celle-là, elle m'a fait la soirée ! De fou rire nerveux en fou rire nerveux…

*

* *

Juillet 2009

« C'est la fêêêteeuuu ! »

Cathy, une amie d'adolescence, rencontrée à Monteton en 1977, me propose de partir en vacances avec elle, mais, prudente, je ne veux pas toucher à mon maigre pécule. Trois mille euros, c'est beaucoup et c'est peu. Il ne faut pas que j'y touche. Je ne suis pas à l'abri.

— Tu ne m'en veux pas, Cathy ?

— Mais non, je ne t'en veux pas, ma biche ! Je m'en veux de ne pas pouvoir te les offrir, surtout !

— Merci, t'es un amour.

Je m'apprête donc à passer l'été à Montmorency quand, soudain, le téléphone sonne.

— Madame Gilquin ?

— Oui, c'est moi.

— Je suis Geneviève Madin, responsable d'une agence d'intérim. J'ai une mission à vous proposer. Vous êtes disponible ?

— Oui, oui, je suis disponible tout de suite.

— Vous pouvez venir me voir à l'agence cet après-midi ?

C'est la fête. C'est tellement la fête que je mets la chanson de Fugain à tue-tête dans l'appartement. « Chante, la vie chante… »

Je me douche, me fais un brushing, me maquille, me parfume, enfile une tenue sobre mais chic. Je suis convoquée.

— Con-vo-quée ! dis-je à ma glace… Yes !

Dans le train, je souris à tout le monde. La vie est belle. Il suffit d'être patient. J'ai presque envie de taper sur l'épaule de tout le monde.

*

*   *

— Asseyez-vous, me dit-elle.

Le regard est franc. Direct. C'est une belle fille, grande, plantureuse, rassurante, simple. La tenue vestimentaire est sobre. Je m'assieds toute rougissante. Je n'ai pas eu d'entretien d'embauche depuis plus de dix ans.

— J'avais mis de côté votre CV. Vous avez candidaté sur plusieurs missions, mais cela ne correspondait pas tout à fait. Avant d'aller plus loin dans les explications sur le poste, je vais vous demander de vous présenter, si vous le voulez bien ?

Si je veux bien ? Bien sûr que je veux... Donc je me présente, puis elle m'explique, toujours simplement, avec des mots normaux, en quoi consiste la mission. Assistante de direction pour trois semaines au sein d'un grand groupe, aux services généraux. Elle me précise aussi qu'une intérimaire avait été pressentie, mais qu'elle leur a fait faux bond, là, sans prévenir. D'où l'urgence.

— Ça vous intéresse ?

— Bien sûr que ça m'intéresse ! Trois semaines, c'est déjà bien...

Je n'ai pas regretté. Je suis tombée dans un service génial, avec des gens géniaux. J'ai bossé dans des conditions géniales. On m'a ensuite proposé une autre mission de trois semaines, à la gestion du parc automobile. J'ai adoré. Tout s'est super bien passé.

Ah, le bonheur de retrouver l'entreprise !... Les petits cafés le matin, à plusieurs. L'impression d'être utile à quelque chose. La fin des repas solitaires. Les plaisanteries échangées... J'ai eu le sentiment de pouvoir de nouveau respirer à pleins poumons.

Mes collègues sont rentrées de congés et moi je suis partie. En larmes.

Rien d'autre ne se profilait à l'horizon. Restriction budgétaire. Mais si on avait besoin de quelqu'un, on m'appellerait. Je revois les visages plus que bienveillants de tout le monde, les remerciements, le petit cadeau de départ. Tout ça pour une mission de six semaines. Je n'en reviens toujours pas, sept ans après.

Je suis rentrée, ce soir-là, avec la nausée. Seule, encore plus seule qu'avant cette mission. J'ai fait mes comptes, placé des sous sur mon Codevi et je me suis assise sur le canapé. Il fallait recommencer mes recherches.

Nous étions en septembre et cela faisait bientôt un an que j'avais été licenciée, mais j'avais repoussé mon chômage de six semaines et, surtout, j'avais infiltré une boîte d'intérim.

Tous les espoirs étaient permis !

Juin 2015

Se détoxifier

Cela fait une semaine que je suis ici, chez Tante Marthe, au cœur d'un village niché dans un écrin de verdure.

La maison est jolie, calme. Elle sent bon les maisons anciennes… Vous savez, l'odeur d'encaustique mêlée à celle de la cuisine…

Tante Marthe est un amour avec moi et je suis un amour avec elle, dit-elle à tout le monde.

Elle est veuve. Je suis divorcée. Elle a une fille qui ne vient jamais.

Nous sommes deux solitudes qui se sont bien trouvées. Oui, je sais, ça fait lieu commun. Tant pis.

Elle m'a installée dans une chambre à l'étage sur le même palier qu'elle. Le soir, je laisse ma porte entrouverte et parfois nous échangeons un mot ou deux. Je reviens de loin, mais elle aussi, je crois.

Le matin, je suis levée tôt, en même temps qu'elle, à 6 h 30. Nous déjeunons et filons au jardin. C'est un joli printemps et, comme tous les survivants, nous profitons des choses simples. Elle m'a conseillé de me balader pieds nus dans l'herbe pour me détoxifier. C'est rigolo.

J'aime ça. Cette sensation de fraîcheur, là, au creux de la plante des pieds, j'adore. Une fois, j'ai regardé Marthe, les yeux pleins de larmes. Je n'avais pas été bien comme ça depuis longtemps.

La matinée se passe ainsi, rythmée entre le ménage, les lits à faire, le linge, les courses, les repas. Et j'aime ça aussi. Il me semble que ma vie est là. Toute trouvée. Ne penser à rien d'autre qu'à faire ces gestes simples. Ne plus être exposée à toute cette fureur des grandes villes, des entreprises, du pouvoir, des dingues.

Les après-midi, c'est selon. Elle a des quines. Des *tea time*. Des ateliers de lecture. Des rendez-vous pour des soins ou « pour se faire belle », comme elle dit. Parfois, je l'accompagne. Enfin non. Je l'accompagne quasiment tout le temps, en fait. Je suis bien avec elle. Je veux profiter de chaque moment que nous passons ensemble.

Lorsque nous ne sortons pas l'après-midi, ou le soir, je renoue avec mes balades d'antan. Comme quand mes grands-parents étaient encore vivants. Quand papa et « petite maman » l'étaient aussi. Je vais jusqu'au château de Monteton. On me reconnaît et on m'offre un verre. On en a fait une auberge agréable avec des concerts chaque premier vendredi du mois. Les Anglais fréquentent l'endroit. D'ailleurs, le village, qui compte deux cent cinquante âmes, en est truffé. L'église abrite même une messe anglicane. C'est juste génial. Je suis juste bien. Très bien.

Alors pourquoi ne pas se laisser porter ? Parce que ma vie ne va pas s'arrêter là. Que je ne serai pas, *ad vitam æternam*, la dame de compagnie de Tante Marthe. Comment je le sais ? Eh bien, parce qu'elle a décidé de partir en maison de retraite médicalisée. Mais pas tout de suite. D'ici un an. Le temps qu'elle règle ses papiers, ses affaires, le temps qu'elle dise au revoir à sa maison. Elle a aussi prévu que nous ferions un séjour sur la Côte d'Azur, en Italie. Puis en Corse.

Le soir, nous dînons tôt, puis nous arrosons le jardin. Elle se met au lit de bonne heure. Pas moi. J'ai perdu le sommeil et, exception faite de la première nuit, que j'ai passée d'une traite, je ne dors toujours pas ou peu. Mais j'ai le stress en moins.

Quel stress ? Celui de ne pas avoir de toit. De me retrouver à la rue.

Alors je m'accorde un peu de temps.

J'ai décidé d'écrire.

Vous vous demandez peut-être ce que je vais faire lorsque Marthe sera partie en maison de retraite ? Eh bien moi, je n'y pense pas. Parce que je sais que je n'aurai qu'une seule idée : m'expatrier puisqu'on ne veut plus de moi en tant que salariée dans mon pays ! J'irai donc me vendre ailleurs.

Marthe m'encourage à écrire et me dit de prendre du temps pour ça. De profiter des deux jours de repos qu'elle me propose chaque semaine. Mais moi je n'ai pas envie de ces deux jours de repos. Je veux rester près d'elle, ici, dans la maison. Du coup, on s'est mises d'accord, toutes les deux : elle sollicite moins sa famille, qui ne viendra que si je suis absente. Et ça, c'est pas pour demain.

Où irais-je ? Avec qui ? Pour faire quoi ?

J'ai besoin de sortir ce que j'ai sur le cœur.

J'ai installé mon ordi là-haut, dans ma chambre, avec vue sur la vallée des treize clochers. J'attends que les petites lumières des maisons s'allument au loin.

Tandis que Lévignac-de-Guyenne, Taillecavat, Allemans, Duras m'offrent un spectacle extraordinaire, j'écris.

Septembre 2009

« On ne sait jamais »

Il fait chaud. Super chaud. J'ai des envies de vacances, vous n'imaginez pas à quel point. Ça doit bien faire trois ans que je n'en ai pas pris. L'année dernière : licenciement. L'année d'avant : séparation d'avec Matthieu. L'année encore avant : mon fils s'installait avec sa petite amie.

Cette année donc, je suis un peu crevée. J'ai besoin de soleil, de mer. Je consulte mes mails : rien. Je regarde mes comptes et je me dis que je peux m'offrir, finalement, au moins une semaine. Mais où ? Je me demande de quoi j'ai envie. Et cela revient : mer et soleil, simplicité et calme, piscine et livre. La Gironde. Hourtin. J'adore Hourtin.

Faire sa valise seule, ça fait bizarre, c'est déstabilisant. Le souvenir du séjour aux urgences en mai dernier se rappelle à moi. Le médecin a ordonné :

— Prenez soin de vous !

Je boucle ma valise et je pars.

Arrivée à Hourtin, je m'installe avec bonheur dans le bungalow que m'a réservé Marc, le propriétaire du camping. On se connaît depuis trente ans. Matthieu et moi sommes venus ici durant presque vingt-sept ans.

— Tu te rends compte ! me dit Marc, en me voyant arriver.

— Oui, je me rends compte ! dis-je en l'embrassant.

Mon Dieu que ça fait du bien, mais que ça fait du bien ! Ce ciel bleu, ces pins, la mer, le bruit des vagues, le sable, la piscine le soir et puis le petit restaurant du camping. Je m'offre ce luxe trois fois dans la semaine. Oui, ça fait du bien. Hum… j'apprécie, si vous saviez ! Je ne pense à rien. Je m'autorise à ne penser à rien. Lecture, vélo, piscine, mer, plage, sable.

La seule chose qui me pèse, un tout petit peu, c'est la solitude.

Je me secoue avant de plonger dans la mélancolie. Je ne veux pas. Je veux garder mon énergie. Il faut que j'avance. Je suis venue ici pour me ressourcer. Faire le plein de vitamine D. Me gorger de soleil, de sommeil, d'eau, de bons légumes et de bons fruits. Je dois revenir à Paris en forme et tout déchirer !

Je vais faire un tour à Carcans, dîner avec Christian et Claudine, des amis de longue date. À Paris, nous ne nous voyons plus depuis… Si j'y pense, c'est depuis que je suis au chômage, je crois. Ce ne sont pas les seuls à m'avoir fuie. Déjà, après avoir quitté mon mari, j'ai été moins invitée. Une femme seule, c'est difficile, paraît-il… Alors une femme seule au chômage, ça devient carrément de la provocation ! Et puis on ne sait jamais, ça pourrait être contagieux…

— Ben tu sais, on n'a plus les enfants, on vient quand on veut…

Ils ont un joli pied-à-terre à Carcans. J'aime bien cet endroit. Lorsque nous étions plus jeunes, nous nous y retrouvions tous pour le Lacanau Pro, une petite semaine. Avec Christian, nous avons toujours aimé déconner. Il a le boyau de la rigolade, un côté grande gueule, et moi aussi. Ça tombe bien ! Claudine, son épouse, est plus discrète. Moins bavarde. Elle observe.

C'est donc tout naturellement que nous sommes pris de plusieurs fous rires durant le repas, à l'évocation d'Untel ou d'Unetelle que nous ne manquions jamais d'égratigner après une soirée. Moqueurs que nous étions. Mais bon sang, que ça fait du bien de se souvenir que nous avons été jeunes et que nous avons bien profité tout de même ! Oui, nous en avons fait de belles fêtes…

La journée et la soirée se passent délicieusement. Je continue de prendre de jolies couleurs, d'ailleurs Claudine me le fait remarquer.

— Tu es toute dorée !

— M'oui. Tu trouves ?

— Oui, oui, je t'assure, tu es toute dorée. C'est joli. Ça fait ressortir tes yeux.

— Merci, ça me fait plaisir.

Je lui demande comment ça se passe, elle, son boulot.

— Bien, très bien, je te remercie.

Je la sens un peu distante. Elle me propose cependant que je lui remette mon CV.

— On ne sait jamais ! me dit-elle.

« On ne sait jamais… » Cette phrase-là, je vais l'entendre mille fois au cours de ma recherche. « En attendant » et « On ne sait jamais »…

Mais Claudine ne me contactera pas.

D'ailleurs, après cette journée passée ensemble à Carcans et la promesse de se revoir à Paris – « Tu viens, hein ? Tu n'hésites pas ! » –, nous ne nous reverrons jamais. Je n'ai même plus jamais eu de nouvelles, y compris de réponse à mes vœux. Peut-être ont-ils eu peur de me présenter les leurs ? Peut-être, oui…

Septembre est vraiment beau. C'est mon mois préféré depuis quelques années. Avant, c'était le mois de mai. Mais, curieusement, depuis vingt-cinq ans, chaque mois de mai apporte son lot de mauvaises nouvelles. Décès, annonce d'une maladie, licenciements, accident, confirmation d'admission à l'ASS (allocation spécifique de solidarité)…

Mais là, il ne faut pas que je m'éloigne de mon sujet, de mon fil conducteur. On est en septembre 2009.

…

C'est juste que Marthe vient de m'appeler depuis sa chambre pour me dire que, ce soir, nous avons du monde à dîner. Et ça, franchement, je n'aime pas. Je n'aime pas du tout. J'ai juste envie d'écrire, d'accoucher. Je veux écrire pour repartir de zéro, pour nettoyer ma mémoire.

— Margaux, il faut t'accorder du temps, me dit-elle dans un bon sourire.

Qu'elle est jolie, si vous saviez, notre Marthe. Elle ressemble à Michèle Morgan, je vous assure. Elle est d'une beauté et d'une classe toutes naturelles, c'en est dingue. Au petit déjeuner, elle est déjà belle, à peine froissée. Avec ça, un rien lui va tellement elle a gardé la ligne.

— Ce n'est pas humain de m'infliger ça, lui ai-je dit un jour en riant.

— Allons, allons, tu es très jolie, Margaux. Tu te sous-estimes, tu te négliges. Il faut réapprendre à t'aimer, à te respecter. Mais tout ça va revenir, tu vas voir. Un jour, tu auras envie de te faire belle de nouveau, tu verras.

Comment peut-elle savoir tout ça, Tante Marthe ? Elle a quatre-vingt-cinq ans et j'imagine, depuis tout ce temps que je la connais, qu'elle n'a pas eu d'autre expérience que sa vie de femme, ici, dans le Lot-et-Garonne. Une vie aisée qui ne l'a pas fatiguée comme certaines femmes du coin. Elle n'a jamais manqué d'argent, Tante Marthe. Non, jamais. Sa maison, je l'ai toujours connue ainsi, avec des meubles cossus, de famille, des rideaux magnifiques, une vaisselle superbe. Toujours propre, entretenue, comme son jardin.

Du temps où sa fille était petite, il y avait une femme de ménage et un jardinier. Je me souviens très bien de tout cela. Mathilde, sa fille, portait des tenues que nous enviions, Martine et moi. Des tenues faites par une couturière, s'il vous plaît !

Je n'ai pas le souvenir d'avoir vu Tante Marthe souffrir ou être triste.

— Pourquoi me regardes-tu ainsi ? me dit-elle, surprise.

— Tante Marthe… Dites-moi, vous avez été heureuse ?

Un voile s'est posé sur ses yeux.

— Tu me rejoins dans la cuisine pour la liste des commissions ? me demande-t-elle doucement.

Je regrette subitement cette question indiscrète.

Octobre 2009

« Foule sentimentale »

Je participe à un *job dating*. Quelle drôle de chose, sérieux !

Du bétail, c'est ça : du bétail ! La foire au bétail ! Je m'attends à ce que l'on me retrousse les babines, me palpe la croupe, me fasse pisser dans un bocal.

Nous patientons dans des files d'attente interminables comme à Disneyland, sauf que là, ce n'est pas Space Mountain qui va décoller. Non, c'est pire ! C'est vous dire. Après avoir attendu quarante minutes, vous êtes reçu sept à dix minutes par un énergumène qui se dit recruteur.

J'avais demandé la liste des entreprises participantes et j'avais cherché des infos sur le Net, pensant avoir un échange constructif. Des clous, nada. On prend mon CV, on me tend une carte de visite, on me serre la main. « À très bientôt », me dit-on dans un sourire qui dévoile des dents ultra-blanches, plus blanches que blanches. Vous l'aurez compris : un sourire commercial.

La moyenne d'âge des recruteurs est de trente-cinq ans environ. Ils sont tous sapés à la mode.

Comprendre : déguisés en vedettes de série américaine. Les mecs portent des costumes cintrés dont les pantalons sont si moulants que je me demande comment ils les ont enfilés. Et je ne parle pas de leurs chaussures qui ressemblent à des péniches à bouts pointus. Les nanas sont des copiés-collés de leurs héroïnes. Qu'il s'agisse de la coiffure, du maquillage, de la manucure : rien n'est chic, tout est tape-à-l'œil.

Je ne suis pas à l'aise face à ces gens qui ont l'air de tout, sauf de recruteurs. Je ne reconnais personne, je ne reconnais aucun code vestimentaire. J'ai l'impression d'être face à une secte.

Engoncée, mal habillée, mal coiffée, je me sens mal, très mal. Je me sens vieille, très vieille, *has been*. Mais je ne suis pas la seule. Nous sommes des milliers à nous sentir mal et tout le monde s'en fout. Nous ressortons de là vidés, exténués, las et usés, un peu comme si nous avions disputé un match.

Un match avec un recruteur. Mais dans quel but ? Pourquoi ? Je ne suis pas la seule à ressentir ce malaise, ce décalage.

— Bizarre, me dit l'un des gars croisés sur ce *job dating*. Je pensais que ce serait une découverte et un échange, mais là, j'ai eu le sentiment que le recruteur était le vainqueur, alors que le recrutement est une rencontre. Non ?

Le « très bientôt » n'existera pas. Je n'ai eu, même à l'heure où je vous écris, aucune réponse aux mails adressés à chaque carte de visite disant que « j'avais été très contente de la qualité de leur accueil et de leur disponibilité bien qu'ils aient été sollicités tout au long de la journée ».

Ce jour-là encore, mon estime de moi piétinée, je suis allée au Starbucks Coffee. J'ai pris une boisson et quelque chose de délicieusement dégueulasse à manger et, ensuite, je me suis fait mal.

J'ai observé le ballet des passants entrant et sortant des grands magasins, l'air détendu et plein de sacs au bout des bras.

Je suis rentrée chez moi, les larmes aux yeux.

« On nous fait croire que le bonheur c'est d'avoir… »

*

* *

Novembre 2009

Je suis remontée à Paris depuis déjà cinq semaines et toujours rien côté boulot. J'ai repris ma petite vie bien orchestrée. Réveil, petit déjeuner, ménage, etc. Il commence à faire frais, les jours raccourcissent. Ma couleur dorée n'est plus qu'un souvenir. Le téléphone ne sonne pas.

Pôle emploi me fait parvenir une offre et j'en suis encore à me demander s'ils ont bien lu mon CV.

Je me décide à recontacter Geneviève, de l'agence d'intérim. Vous pourriez me dire que j'aurais dû le faire avant, je l'ai fait et elle m'a répondu :

— Margaux, dès que quelque chose se décante, je vous appelle. Je pense à vous. Ils ont vraiment été satisfaits de vous chez X. Il n'y a pas de raison. Mais là c'est plus que calme. Croyez-moi.

Tout de même, je m'interroge. J'ai postulé à quelques offres sur le site de l'agence et je n'ai aucun retour, sinon cette lettre type me disant qu'on a bien reçu ma candidature, qu'on va l'étudier et que, si d'ici trois semaines je n'ai pas de réponse, on garde mon CV au cas où…

Je me décide à appeler quand même.

— Société X, bonjour !

— Bonjour, je suis Margaux Gilquin. Je voudrais parler à Geneviève, s'il vous plaît.

— Vous êtes… ?

— Margaux Gilquin !

— Vous avez déjà travaillé pour nous ?

— Oui, j'ai fait une mission pour vous chez X.

— Vous appelez pour votre salaire ?

— Non, pas du tout. Je souhaite m'entretenir avec Geneviève.

— Geneviève ? Elle ne fait plus partie de notre société. Vous êtes inscrite sur notre site ?

— Mais comment ça, plus partie de votre société ? Vous voulez dire qu'elle a changé d'agence ?

— Je viens de vous dire qu'elle ne fait plus partie de notre société. J'ignore où elle est. Je vous invite à vous inscrire sur notre site et, si nous retenons votre candidature, vous serez convoquée à un entretien.

— Mais j'ai déjà eu un entretien !

— Pas avec nous, madame Gilquin.

— Mais je viens de faire une mission de six semaines !

— Peut-être, mais nous avons besoin de vous rencontrer avant de vous détacher sur d'autres missions.

Je perds mon calme. Je sens que je vais ventiler, façon puzzle…

C'est qui, cette fille ?

Il s'est passé quoi, là, depuis le mois de septembre ?

Dans cette voix jeune, aucune notion de gentillesse, de bienveillance, de compassion, d'attention. Aucune notion des ressources humaines. Je me dis que nous sommes revenus au temps des négriers.

Ceux-là sont ceux des temps modernes et nous sommes leurs victimes. D'ailleurs, je vois de plus en plus d'offres d'emploi demandant une excellente résistance au stress. Quel stress ? Provoqué par qui ? Pourquoi ? Comment ? Dans quel but ?

Dans une interview, Jean Vautrin disait : « On a fabriqué des gens pressés, qui monteraient sur n'importe qui pour arriver les premiers, qui ont la dent dure, qui sont méchants avec le monde entier. Voilà, on a fabriqué des teignes, des ordures, il faut bien le dire. Et tout ça mène à la spéculation, la surenchère, la brutalité.[1] »

Je raccroche, après m'être un peu calmée tout de même. Il ne faut pas que je perde ce contact. Je remercie la jeune diplômée, je tente une plaisanterie.

1. Jean Vautrin, entretien du 11 mars 2011 au journal *L'Humanité*.

Ça aussi, il faut oublier. Ces gens-là ne plaisantent pas. Ils aiment les humoristes, mais eux ne plaisantent pas dans la vraie vie.

Ils nous envient d'avoir connu Coluche, Balavoine et Desproges, qui, disent-ils, « étaient de sacrés mecs qui n'avaient pas peur d'ouvrir leur gueule ».

Mais eux se taisent, en parfaits petits moutons qui suivent le troupeau. Au secours ! Et c'est nous qui avons engendré ça ? Ils ne se détendent pas. Ils sont là pour faire du chiffre, que du chiffre. Ne pas perdre leur temps en échanges, même si, sur Facebook, ils arrosent leurs murs de panneaux vantant les mérites, voire les bienfaits de la communication.

Je n'y comprends plus rien, je n'ai pas le décodeur. Je me sens perdue.

Oui, bien sûr, je le sais : ils ne sont pas tous comme ça. OK, je suis de mauvaise humeur, aujourd'hui, j'ai tendance à généraliser alors qu'il ne faudrait pas. Alors, je me le répète : ils ne sont pas tous comme ça ! N'empêche : quand je repense aux années 1970, j'ai l'impression que c'était un autre monde… Pour moi, un paradis perdu… Et aujourd'hui, chaque fois que je me cogne dans un mur, ça fait un peu plus mal.

J'ai perdu de nombreuses notions en anglais. Un jour, lors d'un entretien, une grande fille m'a reçue, m'a regardée comme un jockey trop lourd lorsque j'ai bafouillé une pauvre réponse.

— Achetez des bouquins, regardez des films en VO, m'a-t-elle jeté !

Et ma moulinette à torgnoles, tu la veux en VO ?

Pardon… J'exagère…

Un jour, l'un d'entre eux me reprochera d'avoir parlé de ma vie privée en entretien. J'ai juste dit que mon père était flic. Je ne sais même plus pourquoi on en était arrivés à parler de ça. Mais j'ai compris que le type s'était trouvé bête parce qu'il s'était laissé aller à une petite sortie de route en évoquant avec moi un peu de sa vie privée. Ça, il ne faut pas, surtout pas. Il faut parler boulot. Boulot. Boulot. Nous ne sommes plus des humains, juste des machines à produire.

Je les plains de tout mon cœur. Sincèrement. Mais pour l'instant, c'est moi que je plains, voyez-vous, parce que les mois passent, les offres trépassent, mon pécule fond et je dois faire face, seule, aux factures.

Noël arrive à grands pas. Cela va faire un an que je suis au chômage. J'ai quarante-neuf ans, ma ménopause me travaille, je recommence à avoir mal au dos et aux jambes.

Je m'ennuie de plus en plus. Je stresse de plus en plus. Et je ne mange plus. Cette fois, je n'ai plus faim. À ma sœur qui s'inquiète, je dis : « Tout va bien. »

Janvier 2010

Vague de froid

Les mois se suivent et se ressemblent. Encore une vague de froid annoncée. Mais pour moi, c'est la vague creuse. Je n'ai eu de nouvelles de personne en termes de boulot. J'ai fait plus de mille cinq cents candidatures. Oui, vous avez bien lu : environ cent cinquante par mois, c'est-à-dire six par jour à peu près... Chaque fois que je vais à Paris ou ailleurs, je photographie les plaques professionnelles sur les façades. Il est plus rapide de photographier que de noter. Rentrée à la maison, je file prendre les infos sur le Net et j'envoie ma candidature.

Je traque également les annonces d'offres d'emploi pour des directeurs et j'envoie mon CV, au cas où ce directeur aurait besoin d'une assistante. Je passe un temps fou sur des annuaires professionnels, je trie par secteurs d'activité et j'écris.

Je suis aussi inscrite dans toutes les boîtes d'intérim de France et de Navarre. J'ai un cahier recensant tous les codes d'accès, tous les mots de passe, j'en ai la tête qui tourne. Il faut faire des mises à jour régulièrement, cliquer sur les CV pour les faire remonter. J'ai des abonnements à des flux d'offres. Il me manque un truc : une vidéo de motivation. Tiens, je devrais essayer ! Et pourquoi pas femme-sandwich, à l'instar de ce gars qui s'est posté sur une bretelle d'autoroute ?

Toujours pas de contact de Pôle emploi. Par prudence, j'ai bien fait mes cinq CV autorisés. Assistante de direction, secrétaire de direction, secrétaire tout court, secrétaire administrative, hôtesse d'accueil.

Mais rien n'attire le chaland. Je reçois juste deux ou trois offres qui correspondent au titre, mais pas à mon expérience.

Eh oui, je peux être assistante de direction et ne pas savoir utiliser tel logiciel savant, ou encore ne pas avoir travaillé sept mille cinq cents ans dans la même pyramide.

Je dois me tromper quelque part, ce n'est pas possible. Mais où ? Comment ? J'ai fait faire, par une spécialiste et pour soixante euros, mon CV ainsi qu'une lettre de motivation. Le tout modulable et adaptable à chaque candidature. Mais ça ne marche pas. Ça n'accroche pas. Je ne comprends rien à rien et je suis verte de rage, ce matin. Vous voyez : verte de rage. Mais qu'est-ce qui se passe, il n'y a que moi qui galère ?

Vous connaissez toutes et tous Facebook ? Perso, j'adore.

Ça peut aussi être destructeur, ce truc-là.

Un jour où je m'ennuie ferme, je ne sais pas ce qui me prend, je vais d'abord voir si je retrouve des ex-collègues. Ensuite, j'étends mes recherches à plein de gens afin de savoir ce qu'ils sont devenus. C'est hallucinant, ce truc. Mais bon, pour l'heure, parlons de mes ex-collègues.

Ah ! la vache, alors là, je suis vraiment stupéfaite. Cette nana qui n'en foutait pas une rame – sérieusement, je ne force pas le trait –, cette nana licenciée quelques mois après moi, mais avec *le* pactole, eh ben, je vous le donne en mille ! Elle a retrouvé un boulot ! Ça me laisse pantoise, comme on dit chez moi quand on veut rester polie !

Du coup, j'allume une cigarette et je me pose sur le balcon. Mince alors, je n'en reviens pas.

Je dois ressembler à Daniel Gélin dans *La vie est un long fleuve tranquille*. Si je ne dis pas : « Ah, la salope ! » quinze fois, je ne le dis pas une seule fois. « Ah, la salope... » « Oh, la salope... » « La saaaloooope... »

Faites-le aussi, chez vous, z'allez voir, ça fait du bien !

En attendant, la salope, elle a du fric et elle a un poste. Je retourne me faire mal sur Facebook.

Office manager chez X. Alors là ! Office manager ? Mais elle ne savait même pas changer une cartouche d'encre. Ce n'est pas possible. Je rallume une clope. Moi qui avais quasiment arrêté de fumer. Du coup, j'appelle Sylvie. Elle éclate de rire et me dit :

— Mais ne t'arrête pas là-dessus ! Elle a trouvé parce qu'elle a négocié son départ et que son patron connaît quelqu'un. Il l'a recommandée. C'est tout !

Recommandée ? C'est tout ? Je rumine tout le reste de la journée. C'est tout. Si c'est tout, alors pourquoi en faire un flan ?

*
* *

Février 2010

Coup de fil.

— Madame Gilquin ?

— Oui ?

— Vous êtes essoufflée, vous avez couru ?

La voix semble sympa, amicale. Je suis surprise, mais je reste cependant professionnelle. Bien que je n'aie pas couru – va falloir que je consulte parce que ma tante m'a dit aussi que j'étais essoufflée au téléphone –, je lui confirme que j'ai couru, histoire qu'elle n'aille pas s'imaginer que je suis malade.

— Ah, je comprends mieux alors ! me dit la voix. Vous avez répondu à une offre et votre CV m'intéresse. Pas sur cette offre, mais sur une autre. On peut se voir pour en parler ? Je vous propose le mardi 16, à 10 heures.

C'est demain. Flûte, c'est demain ! Pourquoi ne me dit-elle pas simplement que c'est demain, au lieu de me donner une date ? Encore un test ? Mes jambes se dérobent un peu. C'est bizarre, cette sensation, depuis quelque temps…

Donc c'est demain et c'est à Paris, dans le XVIIe. Je me réjouis. Vraiment. Je prépare toutes les pièces que cette dame a listées : diplômes, carte d'identité, carte Vitale, etc. En fait, je ne prépare rien, j'ai déjà tout en dix exemplaires, au cas où. Je n'ai plus qu'à tout mettre dans une enveloppe.

Je regarde la météo : ça va cailler. Donc j'opte pour une tenue chaude sobre et chic. Je cherche un collier qui viendra égayer tout ça. Je cire mes chaussures, je m'assure que tout est en place dans mon sac à main… Je suis la conne parfaite, dans toute sa splendeur. La pauvre fille qui est enfin convoquée à un entretien.

Sauf que, cette fois, je ne chante pas, je ne dis pas non plus « con-vo-quée » sur un ton guilleret à mon miroir. Je me prépare en silence. J'ai mal au dos et aux jambes.

Que Paris est beau, mais que Paris est beau ! Je n'y étais pas retournée depuis plusieurs semaines. Ce n'est pas compliqué, tiens, depuis que nous sommes allés voir les magasins pour les fêtes avec ma sœur et les enfants.

Si je sors, me demandez-vous ? Bien sûr que je sors. Disons plutôt que je ressors. Je fais partie d'un club de marche à Montmorency. Je suis aussi membre d'un club de généalogie. Je vais au théâtre, j'ai un abonnement annuel que je paie moins cher depuis que je suis demandeuse d'emploi. Je vais à la piscine.

Je me force à faire tout ça. Parce que je n'ai pas envie, j'ai envie de rien, mais je me force.

Si j'ai donné mes CV à tous les gens rencontrés dans le cadre de mes sorties ? Bien sûr. Si j'ai dit et répété que je cherchais un boulot ? Bien sûr. Et alors ? Rien. Bah non, rien. Sinon, je n'écrirais pas un livre depuis un village perdu du Lot-et-Garonne…

Métro Ternes. Je sors sous une bourrasque de neige qui me fait plonger le nez dans mon écharpe. Tant pis pour le maquillage mais, là, ça caille. Vraiment. Et puis j'ai une envie de faire pipi absolument horrible. Ça me fait mal au ventre, mais il va falloir que je tienne.

Qu'est-ce qu'elle m'a dit, déjà, Mme Machin ? Quel est le code ? Mince, il est dans mon sac, j'aurais dû le mettre dans ma poche. Je suis accroupie, le sac grand ouvert, la tête dans l'écharpe à essayer de mettre la main sur ce maudit code, quand je sens une ombre au-dessus de moi :

— Vous cherchez quelque chose ? me demande l'ombre.

Il y a juste mes yeux qui sortent de l'écharpe. Vous n'allez pas me croire, hein, mais j'avais même froid aux yeux. L'ombre va me prendre pour une dingue, emmitouflée comme ça. Je réponds quand même :

— Euh… oui, le code.

— Pour aller où ?

— La société d'intérim.

— Ça tombe bien, j'y vais aussi.

En effet, il y allait. Mauvais point pour moi. Tu parles d'une nana organisée. Une pauvre gourde accroupie en train de chercher un code, en plein vent, le nez dans son écharpe. Nulle, je suis nulle et ça ne loupe pas !

— Bonjour, madame Gilquin ! M. Machin vient de me dire qu'il vous avait récupérée en bas de l'immeuble ? Mais je vous avais bien donné le code pourtant ?

Vas-y, insiste, te dérange pas. Fais-moi bien remarquer que tu as fait ton boulot. Je comprendrai plus tard que le monsieur en question est son patron et qu'elle ne veut pas être prise en faute.

Elle ne ressemble pas à Geneviève. Elle ne me rassure pas, mais elle n'est pas désagréable, cependant. Petite, blonde, fine, très fine, de grands yeux bleus qui dévorent son visage. Elle me reçoit dans son bureau.

— Parlez-moi de vous.

Je parle de moi. Je tremble un peu. Et puis j'ai toujours envie d'aller aux toilettes, mais je n'ose pas demander. Ça la fiche mal, non ? Si.

Elle me tend un formulaire à remplir, auquel je dois joindre les papiers que j'ai apportés. Et une photo. Je lui en donne une qui date un peu, j'avoue.

— Vous aviez les cheveux courts avant ?

— Oui, j'ai porté les cheveux courts.

— Remarquez, ça vous va bien aussi le carré, lâche-t-elle en me regardant distraitement.

Je suis en train de me dire que j'aimerais assez que l'on aborde un autre sujet que mes cheveux, quand je comprends pourquoi elle insiste sur ça.

— Mon client attache une importance capitale à la bonne présentation de mes intérimaires. Et je suis très pointilleuse à ce sujet. Ça m'intéresse de savoir comment vous évoluez au fil du temps.

— Vous voyez que je suis toujours bien coiffée, du coup, dis-je en souriant.

Elle n'a pas aimé le « du coup » et me le fait savoir rapidement.

— Je suis attachée aussi à une parfaite élocution. Nous recrutons des assistantes de bon niveau.

Le ton est désagréable. Elle a quoi ? Trente ans ? Et elle me fait des commentaires sur ma présentation, mon vocabulaire. Mais je ne dis rien. Je ne me départis pas de mon sourire. J'ai appris à fixer mon sourire sans avoir l'air trop nunuche. Bon, certes, c'est du boulot, je ne vous le cache pas, mais ça marche.

Ton client. La bonne présentation de tes intérimaires. Leur vocabulaire. Je t'en ficherais, tiens. Je ne suis pas contre l'idée, je suis contre la façon de présenter les choses.

Je l'invite à m'en parler de ce client justement, tiens oui. Maintenant que je suis là. Ce client-là, alors, c'est qui ? Il fait quoi ? Il est où ?

— Mon client est un acteur majeur du marché pharmaceutique. Il recherche régulièrement des assistantes de bon niveau, comme je vous le disais.

— Et le poste est à pourvoir à quelle date ?

— Ne m'interrompez pas, s'il vous plaît.

Son regard est glacial. Elle poursuit :

— C'est une mission qui démarrerait début mars pour une durée de six mois.

— Cela déboucherait sur un CDI ?

— Il serait de bon ton de ne pas m'interrompre ainsi tout le temps, madame Gilquin.

Même sœur Lucie, de l'école Saint-Paul, n'a jamais employé ce ton avec moi, c'est vous dire… Je me cale au fond du siège et j'attends. J'obéis à la maîtresse. Pire : à ma mère. Tais-toi, quand je parle. OK, je me tais et j'attends. Ça fait plus d'une heure que je suis là, à poil, à lui retracer mon parcours. Plus d'une heure que je la laisse me déstabiliser avec des questions à la noix et que je ne dis rien. C'est le jeu, ma pauvre Lucette. Plus d'une heure qu'elle tripote mon CV, mes lettres de recommandation. Plus d'une heure qu'elle me demande, entre autres :

— Y a-t-il des choses que vous refusez de faire ?

À ce stade, j'en suis à me demander si je la mets en route maintenant, la machine à torgnoles.

Et je me retiens vraiment, mais alors vraiment, de lui répondre ceci : « Oui, coucher entre midi et deux. Je ne fais pas. Enfin, je ne fais plus depuis qu'une copine fait beaucoup mieux que moi ! »

Bon sang ! Dans le temps, on nous faisait faire un test, on s'entretenait avec nous et on avait une mission. Mais ça, c'était dans le temps. Qu'est-ce que c'est encore que cette gamine qui se la raconte ?

— Donc cette mission commencerait début mars prochain pour une durée de six mois, reprend-elle avant de s'arrêter.

Je la vois relire mon CV et je sens l'inquiétude monter.

— Mais vous ne pratiquez pas PowerPoint ?

Froncement de sourcils.

— Non, mais je peux apprendre d'ici le mois de mars.

— Vous êtes toujours sûre de vous comme ça ?

— Je ne suis pas sûre de moi. Je propose d'apprendre PowerPoint et d'être opérationnelle rapidement.

Moue dégoûtée. Si si, dégoûtée. Je sais ce que je dis.

Pour la calmer, j'ajoute :

— Vous savez, j'ai vraiment besoin de ce poste.

— Je me doute, oui. Ça fait longtemps que vous n'avez pas travaillé. Mais je vous recommande de soigner votre posture. Par contre, concernant votre présentation, elle est impeccable, même si vous savez, maintenant, les assistantes sont un peu plus *casual*.

Là je ne réponds pas, parce que si j'ouvre la bouche, c'est sûr, je la laisse sur cales, et pour un moment.

— Je vais adresser votre CV à mon client. Je vous tiens au courant dès que j'ai un retour. Merci d'être venue.

Merci d'être venue…

Je file à Saint-Lazare. Je m'assieds au Starbucks Coffee. Je bois et mange des trucs délicieusement dégueulasses. Et je regarde les autres gens.

Rentrée à la maison, je me connecte. J'envoie un mail à la fille : « Je vous remercie de la qualité de votre accueil et me rends disponible pour un entretien avec votre client. »

*
*   *

Ça doit faire deux heures que je suis sur le canapé, un collant à proximité, des bigoudis sur la tête. Le vernis aux ongles a fini de sécher. J'attends *le* coup de fil que doit me passer mon interlocutrice. La semaine qui a suivi notre entrevue, elle m'a contactée.

— Madame Gilquin, tenez-vous prête le 25 février. Prévoyez votre journée. Je dois avoir un retour du client pour vous confirmer l'heure.

Je suis prête. J'attends. J'ai rendez-vous dans un grand groupe pharmaceutique. J'ai surfé sur le Net pour prendre le maximum d'informations, comme Pôle emploi le conseille sur son site.

J'attends. Dieu que c'est long. Là, ça fait trois heures. Il va être midi. J'appelle la fille qui me dit que non elle n'a pas de nouvelles et qu'elle me recontacte vers 14 heures.

— Quatorze heures ? Mais ce n'est pas à côté de chez moi !

— Oui, je sais, mais vous êtes disponible n'est-ce pas ?

Ton méprisant qui veut dire que tu cherches du boulot, donc tu es disponible et corvéable à merci.

Bien sûr que je le suis, mais je n'ai pas de voiture. Il faut donc que je prenne le train. Des correspondances. C'est en banlieue, cette histoire, mais bien sûr on ne me dit pas où précisément, sinon je serais déjà sur place et je patienterais dans un café.

Je me déshabille donc, j'enfile un jogging histoire de pas cradoter mon tailleur, je mets des gants en latex histoire de pas écailler mon vernis, et je me prépare un en-cas qui ne sent rien histoire de pas puer le graillon. J'en ai marre.

Là, j'en ai marre !

Ce n'est pas possible, un cirque pareil. J'ai mobilisé mes forces, mon énergie, mon temps, au détriment d'autres choses pour cette mission. J'apprendrai plus tard que je ne dois pas faire comme ça. Me rendre disponible, oui, mais pas comme ça.

Quatorze heures.

Quinze heures.

Seize heures.

Rien. Que faut-il faire ? La rappeler ? Je rappelle.

— Mme Machin n'est pas là, m'informe une voix suave à l'autre bout de la ligne.

— Comment ça, « pas là » ?

Je perds mon calme, je le sens… Je respire à fond.

— En rendez-vous à l'extérieur. Rappelez plus tard, m'indique la voix.

— Plus tard, mais quand ? Il est 16 h 15.

Bip, bip, bip…

Dix-sept heures trente, toujours pas de nouvelles. Je range mon tailleur dans mon armoire. Je retire mes bigoudis et le miroir de l'armoire me renvoie l'image d'une folle. En jogging. Je vais me coiffer en pleurant. J'enlève mon vernis. Je me démaquille. Il est 18 h 30. C'est trop tard. Je me fais couler un bain et je me jette dedans. J'irai me coucher de bonne heure.

Depuis mon bain, j'entends les autres gens qui rentrent de leur travail. Les allées et venues de l'ascenseur. Les cris dans le couloir. Les portes qui s'ouvrent, qui claquent. J'entends ma voisine du dessus dire à son fils de prendre une douche rapide et à sa fille de faire ses devoirs.

Il est 18 h 30. La France travaille et moi je suis dans mon bain. Et si j'en profitais pour me noyer ?

*

*   *

Le lendemain matin vers 10 h 30, toujours sans nouvelles, je me décide à téléphoner une fois de plus à l'agence.

— Oui, madame Gilquin, j'allais vous appeler justement. Le client a retenu une autre candidate. Je ne l'ai appris que ce matin à 9 heures. Oui, je sais, il ne vous a pas rencontrée. Oui, je sais, vous attendiez pour y aller. Mais nous non plus ne maîtrisons pas tout. Il a pu s'entretenir avec *une* seule candidate et avoir le coup de foudre pro. Ce client ne perd pas de temps, vous savez, madame Gilquin. Et puis il faut voir le positif ! Vous faites désormais partie de mon vivier ! C'est une bonne nouvelle, non ?

Alors ça, on ne me l'avait pas encore fait. Je fais partie d'un vivier. On va venir me pêcher dites donc !! Mais quel bonheur !! J'imagine la fille au-dessus du vivier avec une épuisette.

Et puis je comprends mieux le sens de la phrase : « Il recherche régulièrement des assistantes de bon niveau, comme je vous le disais. » J'aurais dû me méfier ! Ce « régulièrement » signifiait que le mec s'amuse soit à ne pas garder ses assistantes, soit à les épuiser.

— C'est plus de l'intérim, ça.

— Bah non, me dit ma sœur. Ce n'est pas de l'intérim ! C'est du recrutement !

— Oui, mais moi à mon époque…

— Mais ça a changé, mémère ! Il va falloir t'y faire !

Oui, ça a changé…

Ce n'est cependant pas la première fois que je constate des évolutions comme ça. Je crois que ça a débuté vers la seconde moitié des années 1990. J'avais la trentaine, et j'ai bien senti que le marché changeait. Même si le chômage s'était déjà installé depuis longtemps dans le pays, on sentait que la situation se durcissait. Les entretiens devenaient plus tendus. Tout le monde commençait un peu à paniquer…

Dans mes différentes missions, j'avais également remarqué que le ton évoluait. Certains se permettaient de maltraiter leurs employés, de leur parler avec agressivité. Dans les agences d'intérim, les cas de personnes qui craquaient en cours de mission se sont multipliés. Moi, j'ai toujours tenu le coup. Pourtant, on m'en a fait voir : surcharge de travail, mépris… jusqu'à une boîte où on m'a carrément demandé de retirer mon soutien-gorge parce que le bruit de son frottement contre mon chemisier de soie « excitait le patron » ! Véridique ! Tous ces trucs mis bout à bout m'ont alertée…

Avec mon mari, on était toujours dans les déménagements réguliers. Toujours cette mobilité qu'il aimait, et que nous subissions, mon fils et moi. Bref, à ce moment-là, nous étions vers la vallée de la Loire.

Ça me faisait plaisir de me retrouver dans cette région, parce que je me rapprochais de ma grand-mère maternelle. Je voulais passer du temps avec elle… D'autant qu'à cette époque, je ne voyais plus trop mes parents – enfin ma mère et papa Paul.

J'étais au chômage puisque, encore une fois, j'avais dû tout quitter, et mon fils était inscrit à l'école dans le coin… Je me suis donc dit que c'était le bon moment pour reprendre des études. Pour aller un peu plus loin que mon brevet, me donner plus de chances. Je remarquais bien, autour de moi, que l'expérience n'était plus suffisante. Ils voulaient des diplômes.

Alors j'ai passé le bac. Enfin, son équivalent, un examen qui permettait d'entamer des études supérieures. J'avais deux ans pour le préparer. Je l'ai eu au bout de quatre mois. Quand on est motivée ! C'était un peu ma revanche sur le jugement de ma mère qui, alors que j'avais dix-sept ans, m'avait assené que ce n'était pas la peine que je continue le lycée, que je ne réussirais pas. Obtenir ce diplôme, ça m'a vraiment aidée, et rendue plus sûre de moi. Apprendre, étudier, je me suis aperçue que j'aimais ça. Que j'en étais capable, et même plus que capable... Ensuite, je me suis inscrite en BTS.

Comme j'avais retravaillé entre-temps, j'ai été prise en charge pour cette formation... Mais ça a quand même été coton !

Avec Olivier, nous habitions au camping. Dans un mobil-home. Mon mari avait encore changé de boîte et je ne voulais pas couper l'année scolaire de mon fils... Pas évident, comme situation, mais j'en garde malgré tout un bon souvenir : notre tête-à-tête, à Olivier et moi, des moments privilégiés que nous avons passés tous les deux.

Ce n'était pas la première fois que j'habitais dans un environnement, disons, précaire. Au plus fort de nos ballottages, avec Matthieu, nous nous sommes parfois retrouvés dans des chambres d'hôtel. C'était au début de notre mariage, nous étions comme deux poussins évadés du nid : on cherchait la chaleur, mais on souhaitait être libres, surtout. Résultat, arrivés pas loin de la quarantaine, on était si libres qu'on n'avait pas de toit solide sur la tête !

Ce problème du logement, ça m'a toujours foutu la trouille. Se retrouver dehors, sans rien, c'est un de mes cauchemars. Et, au fil des mois, je le vois se profiler, comme un serpent de mer...

Quand j'aperçois des gens assis dans la rue, un gobelet à leurs pieds, le regard perdu sur le bitume, je ne les vois plus tout à fait de la même façon...

Mars 2010

L'asile

J'ai répondu à une offre sur Pôle emploi et je suis contactée. Je suis bien contente. L'annonce est sympa. Il s'agit d'un couple de chercheurs qui recrutent une secrétaire afin d'organiser leur secrétariat de A à Z. La perspective m'enchante. Même si le poste n'est qu'à 80 %, au moins je travaillerai et ça me laissera le temps de chercher un CDI à temps complet ou, au pire, un complément.

Je me prépare à l'entretien, je boucle mon dossier, et je vais à Paris. Je prends le bus, cette fois, depuis la gare du Nord. Je vois des gens qui s'activent telles des fourmis. Ça va, ça vient, ça se bouscule. Les gens vivent. Finalement, je me dis qu'à Montmorency, je vis presque à la campagne. Quoique non. Avant, c'était la campagne. J'ai connu, enfant, les vergers, les prés, les champs. À présent, c'est une ville de banlieue agréable, verdoyante, mais c'est une ville-dortoir. Je me rends compte que je ne suis plus habituée aux bruits de la ville. Soudain, je me sens presque agressée, j'ai une boule dans la gorge et une barre au ventre.

Et puis la douleur au dos et aux jambes se manifeste à nouveau.

J'entre dans un immeuble de la rue Popincourt. Le quartier n'est pas pour me déplaire. Bon, ça va me faire une petite trotte depuis Montmorency, mais ça va. C'est jouable. Je grimpe un étage, puis deux, puis trois. Tous les paliers sont identiques. Deux appartements face à face. Il y a bien un petit ascenseur ancien aux portes grillagées, mais je ne tiens pas à ce qu'il tombe en panne au moment du rendez-vous.

Je commence à me connaître : je me porte la poisse.

« Faut pas dire ça », lancerait ma sœur si elle était là. N'empêche, j'ai une antenne sur la tête et je m'attire les emmerdes, ça on ne peut pas le nier.

Elle, elle gratte un ticket de gratte-gratte : elle gagne à tous les coups. Elle joue au casino : elle gagne. Jamais de très grosses sommes, mais quand même. Moi, je gratte-gratte : je perds. C'est tout, c'est comme ça.

La dame qui m'accueille n'a pas d'âge. Ou plutôt si.

— Quatre-vingt-cinq ans, m'apprendra-t-elle durant l'entretien. Mon mari est plus jeune que moi, il a quatre-vingt-deux ans.

Je me demande si je ne fais pas un mauvais rêve ou si je ne suis pas victime d'une plaisanterie. Je regarde autour de moi.

— Vous cherchez quelque chose ? me questionne-t-elle.

— Non.

Réponse gênée. Je rougis.

— Enfin si. Le bureau se trouve où ?

— Ici ! Nous travaillons ici depuis soixante ans et nous souhaitons mettre notre secrétariat à jour avant de mourir.

Nom de Dieu. Ça non plus on ne me l'avait jamais fait. Soixante ans de secrétariat en retard, des employeurs de quatre-vingt-cinq ans pour l'une, quatre-vingt-deux pour l'autre.

« Pourquoi pas ? » me dit ma petite voix. Ça ou rien, tu préfères quoi ? Voilà le fameux « En attendant » suivi de son pote « C'est mieux que rien » et de son jumeau « C'est déjà ça »…

Le mari arrive enfin. Une sorte de professeur Nimbus échevelé. Je ne comprends strictement rien à ce qu'il me raconte, mais alors strictement rien. Après m'avoir fait le récit de leur vie (ne me demandez pas en quoi ils sont chercheurs précisément, je sais juste que c'est en médecine, mais je n'ai rien saucé du reste de l'explication), ils me font part de leurs attentes.

Rien d'exceptionnel : classer, inventorier, indexer, archiver, mettre à jour une base de données, dématérialiser des documents, les numériser, puis les archiver aussi. Pourquoi pas ? Nous parlons salaire : ils offrent le Smic.

Problème : en cas de rupture de contrat, mes droits vont être recalculés sur la base du Smic. J'en ai le vertige.

— Ça ne va pas ? me demandent-ils.

— Si, si, très bien, merci. Je réfléchis à la façon dont je vais organiser votre secrétariat.

Finalement, ce sont eux qui trouveront la solution. Lui consulte un plan de métro pour regarder précisément où se situe Montmorency.

— J'ai peur, dit-il, que ça fasse trop de trajet pour vous. J'ai besoin de quelqu'un qui soit là dès que je l'appelle, vous comprenez ?

— Non, je ne comprends pas bien, dis-je, les sourcils froncés.

— Bon, écoutez : nous ne pouvons pas payer un temps plein, mais en contrepartie de votre présence toute la journée, je vous offre les repas. Nous mangerons tous dans la cuisine.

Je suis sans voix. Je les regarde tour à tour. Je regarde le salon. Les papiers, les revues, tout. Je ne suis pas prête à vivre ça.

La dame a dû sentir que ça n'irait pas, elle me dit :

— Je vous propose de prendre le train avec vous ce soir afin de calculer le temps que vous mettez pour venir. Je vais voir si c'est réalisable.

J'ai préféré me lever, je les ai salués respectueusement, et je suis partie. Dans l'escalier, j'ai croisé un illuminé, torse nu, short et tongs, clope au bec, avec un singe sur l'épaule et une patinette à la main.

Un immeuble de dingues, je me suis dit. À moins qu'à force ce soit moi qui vire dingo…

Juillet 2015

Le chemin des écoliers

Ce matin, avec Tante Marthe, c'est courses. Elle ne conduit plus, alors je prends la voiture et nous nous lançons sur les petites routes. J'adore préparer avec soin mon itinéraire pour passer devant de jolies maisons, avoir des perspectives sur les vallons. Avec Tante Marthe, nous nous sommes découvert une même passion pour le chemin des écoliers !

Nous allons d'abord au supermarché, pour les produits qu'on ne trouve qu'en grande surface. Ensuite, nous ferons le tour des artisans de bouche, et Tante Marthe choisira avec soin de la viande, du fromage, des légumes… C'est devenu un rituel.

Les courses avec Tante Marthe, c'est toujours un moment particulier pour moi. La voir tendre la main et mettre dans son panier tout ce qu'elle souhaite, ou presque… Ça fait tellement longtemps que j'ai oublié cette sensation ! Je compte tout. Les pièces de dix centimes, je sais exactement combien j'en ai dans mon porte-monnaie. Je n'ai plus les moyens d'avoir des envies. Des lubies. De me faire des petits plaisirs…

Est-ce qu'on m'a trop fait croire que le bonheur, c'était d'avoir, comme le dit Souchon ? Je reste convaincue qu'acheter, c'est bien autre chose que de simplement entrer en possession d'un objet. Ça renvoie à une certaine liberté, peut-être... Un sentiment de confort, aussi. Pour moi, c'était être comme les autres. Être dans la vie, et pas sur le bas-côté.

D'un geste de la main, Tante Marthe désigne les produits qu'elle veut. J'obéis avec plaisir à cet autoritarisme qui ne se manifeste que dans ces circonstances. Ça me fait marrer de la voir comme ça, tranchante, décidée, elle que je retrouve souvent perdue dans ses pensées, rêveuse, à la maison...

Lorsque nous arrivons devant le rayon Entretien de la maison, je tends le bras, machinalement, vers un produit à vitres.

— Ne prends pas celui-là, il ne vaut rien ! me lance Tante Marthe.

Je souris, porte une main à mon front en guise de salut militaire et réplique :

— Oui, chef ! Lequel voulez-vous, chef ?

Elle a de l'humour, ma Marthe ! Elle éclate d'un rire cristallin et m'indique une autre bouteille.

— Eh oui, tu vois, j'ai gardé mes habitudes de l'exploitation... Avec les ouvriers, je ne pouvais pas faire autrement ! Tu imagines, une femme seule pour faire tourner tout le domaine... Pendant les vendanges, il y avait parfois jusqu'à vingt bonshommes à diriger. Ceux qui me connaissaient déjà, ça allait, mais les autres, il fallait les mettre au pas...

Je n'ose pas poser de questions. Je sens qu'il faut la laisser se dévoiler à son rythme. Elle est comme un oiseau farouche : si je la presse, elle partira à tire-d'aile…

La vie de Tante Marthe, j'en ai reconstitué des bribes. Famille nantie, avec les vignes. Elle était enfant unique, tout lui est revenu. Une vie facile, en somme… Mais il y a aussi sa fille, que je n'ai jamais rencontrée, et dont on murmure dans le village qu'elle n'a pas de père. Tante Marthe a tenu les rênes, et puis elle a décidé un jour de confier l'affaire à un gestionnaire. Depuis, elle fait toujours son tour du vignoble – de plus en plus petit, les forces la quittent…

Quand je lui parle de mes rendez-vous d'embauche, des agences d'intérim, c'est comme un autre monde. Presque exotique, pour elle qui n'a jamais rédigé une lettre de motivation de sa vie ! Et le chômage alors !

J'essaie de lui faire comprendre ce que ça peut faire, d'être envoyée paître des mois et des mois durant…

Mai 2010

Tea time à Pôle emploi

Depuis mon aventure chez les chercheurs, je n'ai toujours aucune touche et, là, je flippe sérieusement. Il me reste, montre en main, un an à toucher des allocations. Que faut-il que je fasse ? Nous sommes à la veille des congés. Les boîtes d'intérim doivent bien commencer à recruter pour les remplacements ?

— Ben non, me répond une gentille fille croisée lors d'un entretien.

Elle m'explique que les sociétés tapent dans leur personnel. Tout le monde se remplace et on fait à peine appel aux sociétés temporaires. Réduction des coûts et maintien de la pression.

C'est ça ou vous dégagez. Dehors, y en a cinquante qui sont prêts à prendre votre place. Attendez, je recompte… Cent cinquante. Voilà. Le compte est bon.

Je ne vous ai pas non plus dit que j'ai décroché un rendez-vous avec une gentille conseillère de Pôle emploi en mars dernier et que, depuis, je la rencontre toutes les deux semaines, et que, là aussi, c'est du grand art.

Ah ça, elle est sympa, mais c'est tout. J'ai l'impression que je la distrais, la dame. Nous faisons la conversation. Quand je la ramène à la raison de nos entretiens et que je lui demande un atelier, elle me répond qu'il n'est pas utile que j'aille en atelier CV : je sais faire.

— En atelier lettre de motivation ?

— Mais non, vous savez faire ! s'impatiente-t-elle.

— Ah bon ? Ben pourquoi je n'ai aucune réponse à part ce vieux couple ?

— Pourquoi elle n'a aucune réponse, soupire-t-elle en levant les yeux au ciel. Mais parce qu'il n'y a pas de boulot. Pas de boulot ! Vous croyez que vous êtes la seule ? Ah mais non, ma petite, vous n'êtes pas seule ! Et vous croyez que moi, je suis à l'abri d'une perte d'emploi ?!

Je me tape toutes les deux semaines un aller-retour à Pôle emploi pour faire la causette. Autant se faire des *tea time* à ce compte-là. Mais c'est le jeu. Alors, je me tais et j'y vais.

Pas une seule fois nous n'aurons fait une lettre, un CV ensemble. En revanche, je connais tout de sa vie, de ses hobbies, de ses gosses, de son appartement avec vue sur la Seine et… de sa belle-mère.

Juste deux fois, elle m'aura transmis des offres qui ne paraissent pas sur le site public de Pôle emploi. Sauf que je n'ai jamais eu de retour. Je ne sais pas pourquoi ça existe, ça. Peut-être juste pour que les conseillers puissent faire des fleurs à leurs poulains, histoire de… Histoire de calmer les nerfs des chômeurs à bout ?

J'en suis à ce stade de mes réflexions silencieuses lorsque nous entendons brailler depuis le hall d'accueil. Elle et moi nous regardons surprises, puis nous précipitons vers le hall.

Une jeune femme hors d'elle, suivie par une conseillère, hurle à qui veut l'entendre :

— Me préparer à un entretien comme si j'étais une sportive ! Tout à fait ! Se prendre en pleine tronche par cette déconseillère (là, j'ai cru qu'elle allait cracher, sérieux) que je suis payée à rien foutre et que c'est honteux !!!

— Mais je n'ai jamais dit ça ! se défend la déconseillère, heu… la conseillère, pardon.

— J'ai envoyé plus de cinq cent cinquante lettres de motivation !! Je n'ai eu aucune réponse !! Alors, me balancer que je suis payée à rien foutre et que je devrais m'entraîner comme une sportive olympique pour affronter un recruteur, c'est un peu fort non ??

Holà ! c'est chaud, dites donc. Ça me rappelle le jour où ma grand-mère a reçu des œufs pourris dans une crèmerie. Œufs lancés à l'intention de la crémière, mais dont ma grand-mère a fait les frais. Réflexe familial : quand je suis au milieu d'une engueulade qui ne me concerne pas, je me planque !

J'ose à peine prendre congé de ma conseillère lorsque s'élève la voix d'un type :

— Bidon ! Tout est bidon ! Les offres, les stages, les formations, tout est bidon ! On est là pour justifier leur salaire, c'est tout ! Alors, fais-nous pas chier, toi, avec ton truc olympique ! Allez dégage, j'ai rendez-vous !

Ça sent le craquage à tous les étages…

Voilà où j'en suis en ce mois de mai 2010. J'approche de la cinquantaine et il me reste douze ans à bosser si je veux une retraite décente, douze ans si je veux un peu profiter de la vie. Juste un peu. Et au lieu de ça, je suis en train de compter les points entre chômeurs.

Je n'ai jamais voyagé, moi. J'ai toujours regardé les autres faire.

Et au moment où j'ai commencé à profiter un peu, eh bien… j'étais licenciée.

*

* *

Accoudée au balcon, je pense à Paris au loin, et je pense aussi à encore plus loin. À ma Mary, à ma Valérie et à son amoureux, José. Je pense à tout mon monde. Ça m'évite de trop penser à moi…

Je tourne, je vire dans l'appartement. Il faut que cela cesse. Je vais être dans la merde, si ça continue. J'avais droit à deux ans de chômage, mais les mois s'écoulent, le boulot ne se trouve pas et je flippe.

J'en suis arrivée à me demander si je n'aurais pas dû accepter la proposition des chercheurs… Mais non. Imagine qu'ils passent l'arme à gauche ? Je perds mon chômage actuel et je repars sur les bases d'un Smic pour le calcul des indemnités : là, je plonge direct.

Je ne peux toujours pas m'empêcher d'aller sur Facebook pour chercher ce que sont devenus les gens que je connais. J'ai l'impression que tout le monde a réussi, sauf moi.

J'ai fait le tour de presque toutes mes anciennes connaissances et quasiment personne ne rame comme moi côté vie professionnelle. D'où mes interrogations : suis-je la seule ? Est-ce que cela vient de moi ? Si oui : pourquoi ? Sinon : faites le deux puis l'étoile et le dièse.

Mais si, quand même, au fil des années, j'ai vu des relations tomber face contre terre, elles aussi, et tenter de se relever. Des diplômés, des pas diplômés, des expérimentés, des pas expérimentés, des jeunes, des moins jeunes.

Je ne suis donc pas la seule, hélas !

Pourquoi hélas ? Parce que je ne suis pas une fille méchante. Je ne souhaite que le bien des autres. Je suis juste triste de ne plus faire partie du même orchestre que certains.

*

*   *

Que les journées sont longues ! Je déteste la télé. J'écoute peu la radio, ou alors des émissions qui endorment tout le monde. Avant j'écoutais Fip, mais depuis le départ de Matthieu ça me flanque le cafard.

Assise en tailleur dans le salon, je réfléchis au moyen de trouver un boulot. Oui, je sais, ça vous paraît bizarre, mais j'expérimente un truc : je visualise ma façon de faire. J'ai mis de la musique relaxante, fait brûler un bâton d'encens. Puis je me concentre, je me vois en train d'écrire mes lettres, mes CV… Maintenant, je suis en rendez-vous… Je me présente, je suis souriante mais déterminée…

J'ai beau y mettre toute ma conviction, ça a juste pour effet de me faire entendre deux fois plus mes acouphènes et d'avoir des crampes dans les jambes !

Il me reste l'option de sacrifier une vache sur l'autel de la recherche d'emploi. Ah oui, c'est gros une vache. Je vais avoir un problème pour la faire passer dans l'ascenseur. Puis la convaincre d'aller sur le balcon.

Excusez-moi, je m'égare…

Je n'arrive pas à fixer mon attention. Je cherche où est l'erreur. Je suis bien inscrite partout, je veux dire sur tous les sites qui recensent les offres d'emploi. Je suis aussi inscrite sur tous les sites des boîtes d'intérim. J'ai envoyé mon CV à tous les cabinets de recrutement que j'ai identifiés. J'ai rédigé des candidatures spontanées, comme on m'a conseillé de le faire en parlant du marché caché.

Je l'aime beaucoup, cette notion de marché caché : ce sont les employeurs qui ne savent pas encore qu'ils ont besoin de quelqu'un. Alors on les démarche, et tout à coup ils se disent : « Bon sang, mais c'est bien sûr ! » et ils vous embauchent. Normalement. Quand tout va bien. Formidable, non ?

Je ne sais plus quoi faire, je ne sais vraiment plus quoi faire.

Tout ça, je vous l'ai déjà dit… Mais voilà, je veux que les gens sachent ce que c'est que de chercher et de ne pas trouver. Au bout d'un moment, on culpabilise. C'est forcément notre faute. Nous avons un sentiment de honte, de culpabilité, de rejet. Nous sommes les déchets du monde du travail. Du coup, on ne s'autorise plus rien. Surtout pas d'être heureux.

Mon corps me fait mal à nouveau. Le dos, les jambes et les bras à présent. C'est bizarre. Même la natation ne me soulage pas.

Je suis noyée dans toutes ces pensées quand le téléphone sonne.

— Bonjour, Margaux, c'est Geneviève. Comment ça va ?

— Geneviève ! Rhooo, Geneviève ! Mais que je suis contente de vous entendre ! Vous allez bien ?

— Mieux vous voulez dire ! Dites, Margaux, vous êtes dispo ?

— Dispo ? Là, tout de suite, vous voulez dire ?

— Là, tout de suite, oui.

Elle m'a donné sa nouvelle adresse et je suis ravie de m'asseoir face à elle, dans un joli bureau du XVIe arrondissement. Nous sommes heureuses de nous revoir alors que, finalement, nous ne nous étions croisées que trois fois. Allez savoir, certaines rencontres… Je lui trouve cependant mauvaise mine, les yeux cernés.

Elle me raconte qu'elle a été licenciée sec en septembre 2009. Elle a galéré. Mais elle a rebondi grâce au réseau, le fameux réseau. Celui que moi je n'ai pas – on se demande pourquoi, d'ailleurs. Encore un mystère à élucider, me dis-je... Mais j'ai des pistes quand Geneviève m'explique qu'il faut ne pas avoir beaucoup bougé, qu'il faut avoir gardé des relations dans le milieu professionnel.

Elle me parle de son client. Il cherche une assistante de direction ayant de l'expérience.

— Il cherche quelqu'un qui a votre profil, résume Geneviève.

Elle me donne toutes les ficelles pour réussir l'entretien, mais me précise qu'elle a envoyé une autre candidate. Ce que Geneviève ne sait pas, en revanche, c'est que je ne serai pas reçue par le client, mais par sa responsable administrative.

Le jour du rendez-vous, je croise l'autre candidate. Une jeune femme toute mignonne, toute simple, qui a l'air gentille. Nos regards se croisent, mais nous n'échangeons pas un mot. Ça aussi, c'est nouveau. Chacun pour soi. Ne pas s'amuser à sympathiser. Manquerait plus que ça. Et pourquoi pas une fraternisation conduisant à un Noël dans les tranchées, tant qu'on y est, hein ?

Je suis reçue par une jeune femme de trente ans environ qui conclut l'entretien en justifiant son choix :

— Vous comprenez, je ne peux pas retenir votre candidature. Vous avez l'âge de ma mère, comment pourrais-je vous faire des remontrances si besoin ?

Je n'ai pas su répondre, du tout. Était-ce un piège ? Était-ce une façon de me tester ?

Je prends congé dignement, je ravale mes larmes et je sors de l'immeuble.

J'appelle Geneviève, et elle m'avoue :

— Margaux, je n'ai rien osé vous dire, mais j'avais déjà eu des retours sur cette responsable administrative. J'ai pensé que vous en viendriez à bout. Si ça peut vous consoler, sachez que l'autre candidate n'a pas été retenue non plus. Je continue de prospecter. Sinon, j'ai peut-être une autre mission à vous proposer. On se voit demain ?

— On se voit demain.

Je me dirige direct vers le Starbucks Coffee, où je vais boire et manger quelque chose de délicieusement dégueulasse. Et je regarde les autres gens.

*
* *

Quelques jours plus tard, je reçois un mail d'une boîte d'intérim dans laquelle je suis inscrite. L'objet indique : « Vous êtes sélectionnée. »

Ma candidature a finalement été retenue !

J'ouvre avec précipitation… et je déchante :

« Vous êtes choisie pour aider votre entourage à trouver un emploi. » Juste une pub pour eux, pour m'inciter à leur envoyer des camarades chômeurs…

Faites comme moi. Aucun commentaire. C'est mieux pour votre cœur. Croyez-moi !

Juin 2010

« C'est déjà ça »

J'ai un rendez-vous !

J'ai envoyé un CV dans un hôpital et j'ai un rendez-vous !

— C'est un renfort de trois mois, c'est déjà ça ! me dit la RH au joli sourire pétillant.

Cette femme est gentille comme tout, très professionnelle, une dame d'une quarantaine d'années qui me met à l'aise. Je suis retenue pour travailler auprès d'une cadre de santé qui va partir à la retraite. Elle a besoin que l'on revoie son secrétariat, que l'on numérise, archive, etc., avant son départ pour passer le flambeau au suivant (déjà recruté, sniff...).

Ça ne vous rappelle rien ? Moi si, mais le contexte est différent. Ceux qui n'ont pas suivi, ou qui lisent vite, ne remontez pas le fil. Oups, déformation Facebookienne. Je veux dire, ne revenez pas en arrière pour savoir de quoi on cause : mes deux p'tits vieux rue Popincourt.

Durant ces trois mois, je vais m'éclater dans un domaine que j'aime. J'ai une chance inouïe : je suis seule dans un bureau avec vue sur un parc, je travaille comme je le sens. On me fait confiance. Et de mon côté je leur livre un secrétariat tip-top.

Je revis !

Je revis tellement que j'en oublie que ma situation est toujours aussi précaire. Je revis tellement que je suis certaine qu'on va me remarquer, qu'on va me proposer un autre poste. Je revis tellement que je commets une erreur terrible : je ne suis plus en veille de recherche d'emploi. J'ai repris un rythme qui me plaît : métro, boulot, dodo. Quoi ? Ça vous surprend ? Moi, ça me rassure.

Pendant trois mois, je vais toucher un salaire, avoir un bureau, un badge, une blouse avec mon nom écrit dessus. Pendant trois mois, je vais manger à la cantine avec d'autres copines. Pendant trois mois, il va faire beau, il va faire chaud et je vais me vider la tête au fur et à mesure que j'archive le secrétariat de ma responsable.

Seul souci. J'ai mal au dos et aux jambes.

*

* *

Septembre 2010

On nous attend, Sophie et moi. Elle pour son pot de retraite, moi pour mon pot de fin de mission. Nous avons chacune un cadeau, je n'en reviens pas. Elle m'embrasse, me souhaite bon courage et je me retrouve assise une fois de plus devant mon ordinateur à compléter mon profil Pôle emploi et à réactualiser mes CV pour chaque site recruteur.

Cette fois, je ne m'autorise pas de vacances. Je reste chez moi, je ne passe pas par la case départ, mais je place ma prime de fin de mission et mes congés payés sur mon Codevi.

J'ai repoussé mon chômage de trois mois. Super…

Je reprends le chemin de Pôle emploi, je souhaiterais participer à des ateliers et là on me répond :

— Non, car vous êtes un demandeur d'emploi autonome. Pour preuve, vous décrochez des missions !

Ça calme tout de suite.

J'appelle Geneviève qui me dit que la crise est là, ça tape dur. C'est désert. Elle se demande même si elle ne va pas se remettre au tricot tellement elle s'ennuie.

Je refais le tour de tous les contacts établis. Même constat. La crise est là.

J'ai eu raison de souffler trois mois, de ne penser à rien, au moins je me suis ressourcée.

L'automne arrive, magnifique, mais je n'ai envie de rien. Je regarde, depuis mon balcon, la forêt changer de couleurs. Je m'oblige quand même à sortir et à prendre des photos. Je m'oblige à aller au théâtre, à visiter des musées, faire des expos. Pour ne pas regretter.

Regretter quoi ? Eh bien, d'avoir été à Paris, et de ne pas en avoir profité. Je ne veux pas regretter de ne pas m'être cultivée. « La culture est ce qui reste quand on a tout oublié. »

J'ai découpé Paris en quatre et je sillonne la capitale, méthodiquement. Le *Guide du routard* en main. Il m'arrive de faire des visites commentées avec des conférenciers. D'y rencontrer du monde et de remettre ma carte de visite et mon CV.

Je prends le Batobus et je traverse la Seine dans un sens, puis dans l'autre. Faute d'une croisière, je me fais le Batobus. C'est très chic aussi, vous savez ?

Je passe l'automne entre recherches d'emploi, *job dating*, rendez-vous, et quelques entretiens sans que rien se décante.

On me fait faire et refaire mon CV.

Un jour, je suis assistante de direction, j'ai un CV ultra-détaillé, et on me dit :

— Holà, c'est dense ! Il faudrait épurer !

Le lendemain, j'ai un CV plus épuré et on me dit :

— Cela manque de description pour chaque poste ! Il faudrait détailler…

Je reprends la généalogie et je hante les archives départementales, puis nationales, puis militaires. Jusqu'au jour où je vais à Troyes sur la trace d'une branche paternelle. Je suis séduite par la ville et je commence à envisager de quitter la région parisienne, malgré tout ce que je pourrais laisser derrière moi. Je dépose donc quelques CV qui, hélas, resteront sans réponse.

Noël approche. Cette fois, j'ai le cœur à rien.

Noël, ça me renvoie à mon enfance… Ce sont les bons souvenirs qui reviennent en premier. « Les brillants soleils », comme dit le poète… Je ne veux plus trop penser aux ténébreux orages, ils m'ont pourtant aussi bien marquée.

Je repense aux réunions de famille, du côté de papa Paul, à leur chaleur, aux rires partagés... Je repense à la façon dont ma mère était capable d'éclairer notre vie, quand elle était de bonne humeur. Elle aimait danser, fêter... Je repense aux parents de ma « petite maman », la deuxième femme de mon père, qui m'ont ouvert leur porte ici, à Monteton, et ont fait de moi leur petite reine, gâtée comme tout...

Et puis il y a eu le reste, aussi. Mon statut de fille de divorcés, les disputes de mes parents, les deux familles scindées, et moi au milieu de tout ça, cherchant à faire plaisir à tout le monde, éternelle oubliée...

*

* *

Je pose mon stylo. Le jour se couche sur la campagne. La lumière de l'été est tellement belle dans ses derniers rayons... Les collines sont nimbées d'un jaune orangé chaud, réconfortant. Tout s'apaise dans l'air du soir. Je sens que je commence à récupérer – un peu. Je suis moins tendue, moins stressée. Je fais des gestes simples qui prennent une grande importance dans mes journées. Avec Tante Marthe, nous allons au jardin, nous regardons chaque plante, elle me montre comment en prendre soin. C'est un petit bonheur de voir la nature s'épanouir... Et ces petits bonheurs, j'apprends à les cueillir.

Décembre 2010

CDI !

— Margaux, vous êtes disponible ?

— J'arrive !

Rire de Geneviève.

— Non, vous allez directement chez le client, me dit-elle.

— Quoi ?

— Vous allez directement chez le client. Lundi vous êtes en poste.

— Vous n'êtes pas sérieuse, Geneviève ?

— Si, et tellement sérieuse que c'est un CDI.

— Mais comment…

— Margaux, vous vous souvenez de notre conversation concernant le réseau ? Anne-Laure est une amie, nous avons travaillé ensemble. Le client, son patron, cherche une assistante ex-pé-ri-men-tée. Pas de temps à perdre, ça urge !

Je suis comme une folle dans mon appartement, je ne sais plus comment la remercier.

— En vous éclatant au boulot, Margaux !

Et je me suis éclatée, croyez-moi. Un poste comme je n'en rêvais plus. Un vrai secrétariat, avec tout à créer, suite au rachat du groupe par un autre groupe, dans le secteur du transport de marchandises. Ça a duré quatorze mois. Quatorze mois géniaux, vraiment. En plus, je m'entendais très bien avec ma collègue Florence. Huit heures par jour dans le même bureau, ça crée des liens.

Nous nous étions réparti les tâches. Elle était plus attirée par le *corporate* que moi, j'ai donc pris le technique. Nous avions chacune des patrons à l'ancienne, qui ne mâchaient pas leurs mots, étaient exigeants, mais reconnaissants.

Nous bossions dans le XVIe près du Trocadéro. La tour Eiffel était notre phare. Que du bonheur, franchement, que du bonheur.

J'ai repris goût à la vie.

J'ai recommencé à m'habiller, à me coiffer, à me chausser. J'ai refait des projets. Je suis même partie en vacances trois semaines en Corse chez l'un de mes oncles. Je me suis reposée malgré ce mal de jambes et de dos.

Florence et moi avons savouré notre bonheur parce qu'elle aussi avait été licenciée et connaissait sa chance d'avoir un job en CDI à cinquante balais passés.

Pour tout vous raconter, c'est un peu grâce à moi qu'elle a été prise… J'étais seule au départ, puis avec le rachat il y a eu du mouvement, et il a vite été évident qu'il fallait quelqu'un en plus – je me tapais tout, j'allais devenir dingue malgré ma motivation de chien de combat ! Mais ils ne m'ont pas associée au recrutement… Pourtant, c'était quand même sensible, pour moi ! Alors, le jour des entretiens, j'ai bien observé les candidates. J'ai vu de tout. Des pimbêches, des petites jeunes, des canons… et Florence. La cinquantaine, apprêtée, toute mignonne. J'ai eu le coup de foudre. Professionnel, bien sûr. J'ai su que ça collerait. Alors je suis allée la voir, et je lui ai glissé :

— Les toilettes sont juste là, si vous en avez besoin… Vous en avez besoin, non ?!

Elle a compris au quart de tour et m'a rejointe. Dès son entrée, j'ai fait vite :

— Vous êtes sténo ?

— Oui…

— Alors vendez-le ! Insistez là-dessus !

J'avais l'impression de conspirer… mais pour la bonne cause. Je savais qu'un des patrons voulait absolument une assistante capable de prendre des notes en sténo, c'était sa lubie…

Et ça a marché !

Je ne l'ai jamais regretté. Avec Florence, nous avons travaillé comme les deux doigts de la main. Un bonheur !

Certains salariés étaient de jeunes gens. Qu'il s'agisse de Flo ou de moi, ils venaient se faire câliner, s'épancher dans notre bureau. Chacune avait son chouchou. Nous préparions des gâteaux pour les anniversaires, les mariages. Bref, vous voyez ce que je veux dire.

Nous étions heureuses et nous le savions. Deux rescapées du chômage qui savourent de bosser, qui savourent leur salaire.

Jusqu'au jour où le décimeur est arrivé.

Le choc a été violent. Très.

Notre groupe avait été racheté et, pendant un an, on nous a fichu la paix. On remontait le chiffre d'affaires, on remontait la boîte, on y croyait, on était bien. Pour bosser, ça, on a bossé.

Et puis sont arrivés les grands pontes. Rien qu'à leur façon de se saper, au prix de leurs fringues, tu vois tout de suite que ce sont des pointures, ces mecs-là.

Nous avions organisé un pot de départ, je ne sais plus pour qui d'ailleurs, et nous nous tenions dans la salle de réunion. Toute notre équipe, une trentaine de personnes pour l'antenne parisienne.

Bref, nous étions tranquilles entre nous. Ce jour-là, les directeurs avaient réunion.

À l'issue de celle-ci, ils se sont joints à nous pour prendre un verre. C'est là que Florence me souffle :

— Je le crois pas, il nous compte…

— De qui tu parles, ma Flo ?

— Le grand, là, le mec de Londres. Il nous compte.

Le fait est : il nous comptait. Il pratiquait la décime. Eh bien, croyez-le ou pas, au moment où je m'en suis aperçue, je me suis retrouvée la dixième.

Décembre 2010 – CDI !

Rien que d'y penser, j'ai la rage qui remonte... J'ai vite compris que tout allait recommencer comme lors de mon licenciement précédent. Mais là, je ne me suis pas laissé faire. Même pas peur. Je savais qu'ils allaient réduire le personnel, et que j'étais arrivée depuis trop peu de temps pour espérer rester. J'avais fait ce pour quoi j'avais été embauchée : remettre de l'ordre dans le secrétariat, et maintenant ils n'avaient plus besoin de moi. Réduire les coûts, vous connaissez le refrain... On ne s'occupe plus de savoir comment vont vivre les gens, mais seulement de rentabilité. Jusqu'au jour où il n'y aura plus assez de monde pour faire marcher le système : quand on sera tous au chômage, il faudra bien inventer un autre modèle...

Je vous passe tous les épisodes avant, pendant et après le départ de mon directeur. Quand il a vidé son bureau, j'étais en larmes.

— Oh non, Margaux, ne pleurez pas comme ça, ça me rend le moment encore plus difficile.

J'ai bénéficié d'un plan dont je ne me rappelle même plus le nom... Bref, j'ai eu droit à une prise en charge par un cabinet de reclassement. Un bilan de compétences d'abord, à l'issue duquel on a bien vu que j'étais faite pour être assistante. Des entretiens hebdomadaires ensuite. Suivis d'une remise à niveau bureautique. Puis d'une présentation à une boîte d'intérim qui recrutait.

J'ai été retenue pour postuler à une courte mission, encore pour un groupe, et encore sans promesse de

CDI, juste dans le cadre d'une surcharge de travail. Je me suis dit que je devais essayer. On ne sait jamais, ça pourrait déboucher sur quelque chose... Tu parles !

Ça ne s'est pas bien passé du tout. Lors de l'entretien, déjà, je n'ai rien pigé. J'ai dû avoir l'air idiot, mais ça, je vais m'y habituer...

Commençons par cet entretien : je suis reçue par deux jeunes femmes. En gros, elles m'expliquent que l'entreprise dispose d'un poste à pourvoir en CDD et qu'elles cherchent une ressource amenant des compétences nouvelles et complémentaires de celles des ressources déjà en poste. Ce qui est leur cas. Qu'il y a déjà quelqu'un en poste, mais que la personne part. Qu'il existe à l'instant *t* des candidats disponibles sur le marché du travail et intéressés par le poste à pourvoir. Mais qu'entre les deux, les RH doivent effectuer du *benchmarking*, autrement dit opérer le mieux possible l'adéquation parfaite entre l'offre et la demande. L'idée étant de placer le bon collaborateur dans le bon rôle, au bon moment.

Si vous comprenez, surtout, n'hésitez pas à m'envoyer un mail. Moi, j'ai été envoyée par ma boîte d'intérim pour effectuer une mission, et c'est tout. Mais les deux, là, elles ont l'air de s'éclater dans leur délire d'entretien de recrutement, parce que ça ne s'arrête pas là.

— Vous savez, nous avons dû adopter une posture d'anticipation en glanant dans notre entreprise, hein, Myriam ? dit l'une d'elles en regardant l'autre. Des informations fiables qui nous ont permis d'identifier nos besoins, de sorte que nous souhaitons cibler le bon profil pour le poste à pourvoir. La veille est vraiment un outil indispensable, n'est-ce pas, Myriam ?

— Tout à fait, Anne-Sophie, répond l'autre.

De vous à moi, je vous garantis que, là tout de suite, je regrette mes équipes techniques. Laurent, un ancien collègue, aurait dit qu'elles avaient l'art et la manière de faire un câble à partir d'un poil de cul. Je sais, ce n'est pas élégant, mais franchement je prise parfois volontiers cet humour.

Elles m'expliquent encore qu'elles ont déjà reçu plusieurs personnes, mais qu'elles ne trouvent pas la perle rare.

— N'est-ce pas, Myriam ? Nous avons vraiment du mal.

— Tout à fait, Anne-Sophie.

Je suis tentée de leur répondre que l'on a souvent les candidats que l'annonce mérite – tiens, sur ce coup-là je m'aime bien –, mais je me garde de la ramener. Je suis déjà médusée par leur show, pour une mission de si courte durée. Et le pire est à venir…

J'ai été embauchée. Sur ce poste, je remplaçais une dame qui était là depuis un an et qui, selon elle, en avait bavé à cause des deux autres, qui la prenaient à partie, l'empêchant de bosser. Moi, je voulais bien tout entendre, mais je n'avais rien à voir dans tout cela ! Elle est partie en sabotant le travail. J'ai mis des semaines à reprendre le boulot derrière elle, pendant qu'elle passait son temps à passer d'un bureau à l'autre avant son départ.

L'ambiance était épouvantable. Une hostilité entre salariés terrible. J'ai mal vécu cette mission et je suis partie sou-la-gée.

Sans me retourner.

Je ne sais pas si c'est la fatigue, la course perpétuelle, le stress, mais je trouve que c'est de plus en plus dur. L'ambiance des boîtes, les relations entre les employés… Franchement, tous les jours, c'est l'ouverture de la chasse ! Ça me mine un peu plus, je perds encore un peu de confiance en moi… Aller au boulot avec la boule au ventre, c'est ce qu'il y a de pire !

Quand je repense à mes dix ans de bonheur, à mon CDI dont j'ai été virée avec tant de violence, les bons moments me sautent au visage. Nous aimions notre boulot, nous nous aimions entre nous – même si on pouvait se disputer, se laisser emporter parfois… Quel plaisir, quel bonheur, quel pied de travailler dans ces conditions ! Et on était efficaces, ça oui !

Tiens, justement, c'est Sylvie, mon ex-collègue, qui m'appelle :

— Dis donc, la maraude (nous nous sommes donné des surnoms absurdes, ne me demandez pas pourquoi !), ça fait un moment qu'on n'a pas fait notre déjeuner cadeaux pourris ! J'appelle les autres et on se retrouve au Bon Filon ?

Je me régale d'avance. Je cherche parmi les cadeaux pourris que j'ai reçus au cours des dernières années et qui ont échappé à mon grand nettoyage. Et j'en trouve, remisés dans une petite pièce, sur une étagère. J'avais prévu le coup !

Quel souvenir merveilleux. Quelle marrade !

Le patron du restaurant, incrédule, nous a vues arriver ! Il nous a dit, dans un éclat de rire :

— Oh non, pas vous !

— Ah ben si, justement, nous !!

Je comprends qu'il ait des craintes, en même temps. Nous ne sommes que quatre, mais nous laissons derrière nous un amas de papier journal, de rubans, d'adhésif. Nous mettons le feu ! Les éclats de rire, les « Ah non, tu ne m'as pas offert ça ? » devant un cadeau franchement, mais franchement moche ou inutile. Parfois les deux !

Nos patrons respectifs avaient su pour notre rituel et ça les faisait rire. Ils ne manquaient pas de nous demander à nos retours de déjeuner :

— Alors, cette année, tu as eu quoi comme cadeau ?

Quelle belle époque !

On ne s'était pas retrouvées depuis plus de deux ans toutes les quatre ensemble. Je voyais souvent Sylvie. Isa voyait Constance et Sylvie puisqu'elles bossaient ensemble. Je voyais Isa. Je voyais Constance. Séparément. Ou les deux. Mais les trois non.

Notre précédent déjeuner cadeaux pourris datait de la veille de mon embauche pour mon dernier CDI. On avait fêté l'événement. Explosée de rire quand j'y repense. Ah ! mes petites nénettes, elles me manquent tellement…

— Bon et là, on fête quoi ? leur demandé-je.

— Ta santé, ma chérie, répondent-elles en chœur. Et au travail que tu vas retrouver. Et vite.

Nous avons ri, mangé, bu et pleuré au moment des adieux. Baptiste nous a offert le dessert, dites donc !

— Comment je suis trop content de vous voir, les filles ! dit-il dans un sourire bienveillant.

Nous aussi. Nous aussi. On est contentes de se revoir, de se regarder, de s'entendre, de se toucher. Mon chagrin éclate dans les bras de Sylvie qui me caresse les cheveux, relayée par Isa puis Constance.

— Ça va aller, ma paupiette, ça va aller.

Je file jusqu'à la station Saint-Paul. Mes jambes m'offrent un répit. Du coup, je loue un vélo et je pédale dans Paris, mes cadeaux pourris sur le panier du vélo. La vie est belle, la vie est belle. J'ai une famille, des amies, Geneviève. J'ai moins mal aux jambes, aussi.

*

*   *

La foule est compacte. Le chagrin immense. Le cercueil porté par ton fils, ton ex-mari et tes frères entre lentement sur la musique magnifique du film *Les Caprices d'un fleuve.* Tout ça parce que depuis ton voyage avec le comité d'entreprise, tu es tombée amoureuse du Sénégal et de Giraudeau, et que ce film, tu l'as vu au moins cent douze fois, que la BO passait en boucle dans notre bureau et que tu nous as dit :

— Si je meurs, je veux ça pour mon enterrement.

— Tu vas forcément mourir, t'avions-nous répondu en nous foutant de toi. Tu crois être immortelle ? Toujours plus forte que les autres…

Décembre 2010 – CDI !

Voilà. Tu es morte et tu te fais porter par les hommes que tu as le plus aimés au monde, dont Charles. Tu serais là, tu serais contente. Il est en larmes. Les yeux bouffis.

Tu es morte et sur ton passage, dans cette église où tu t'es mariée, où les gamins ont été baptisés, tout le monde est en larmes.

Isa ne peut réprimer ce long sanglot qu'elle contient depuis le parvis. Elle s'agrippe à moi, me serre le bras si fort que j'en aurai un léger bleu. Constance, elle, ne bouge pas, son regard est glacial, comme lorsque nous étions en réunion et qu'elle restait hyper-concentrée, ne laissant paraître aucune émotion.

Il y a un monde fou. Tu étais connue et aimée, ma Sylvie… Les collègues, les directeurs, les salariés de la cantine et même notre ancienne factrice se serrent au fond de l'église.

Le reste, vous le savez. Je ne vais pas vous décrire l'enterrement d'une nana de cinquante ans qui s'est tuée sur la route du retour des vacances.

Et nous voilà, Isa, Constance et moi, collées les unes aux autres. Au-delà de ta mort, Sylvie, les deux autres se voient déjà à la cantine, orphelines de toi, séparée de moi. Remarque, ça va être plus simple pour elles de trouver une table de deux.

Mais on va faire quoi de nos projets de partager la même maison lorsque nous serons à la retraite ? Merde, euuuh… qui va s'occuper des plantes ?

Bon sang, qu'est-ce que tu as foutu, Sylvie ? Je t'ai dit que ce n'était plus de notre âge de prendre la route de nuit. Te connaissant, tu as dû vouloir profiter jusqu'au bout de tes vacances, tu as dû vouloir ne rentrer qu'au dernier moment. Tu as dû vouloir changer cette BO pour mettre un CD de Cloclo et tu as perdu le contrôle de ta bagnole parce que tu avais une clope dans la main qui tenait le volant. Combien de fois on te l'a dit ? On ne fume pas en conduisant ! On ne change pas de CD une cigarette à la main ! Tu n'écoutes jamais rien…

Juin 2012

Retour à la case… Pôle emploi

Une nouvelle page de ma vie se tourne. Je retourne pointer à Pôle emploi, et là, j'exige des ateliers. Et plusieurs avec ça. À force de répondre seule aux offres, et de faire chou blanc, je me suis dit qu'il y avait peut-être une meilleure façon de faire…

J'ai donc eu un atelier d'une journée pour faire mon CV, un autre pour faire ma lettre de motivation. Bon, pas convaincue… J'ai aussi eu un atelier m'apprenant à faire une lettre de relance à la suite d'une candidature ! Le tout dispensé par des gens persuadés que, grâce à eux, je ne pouvais que trouver un emploi.

Mais je n'ai eu aucun atelier pour apprendre à surfer sur le Web, à maîtriser le jargon ambiant ou à me vendre lors d'un entretien. Je me suis débrouillée seule.

Il m'est arrivé durant ces années de faire des trucs bizarres.

Comme quoi, me demandez-vous ?

Alors, le pompon, je crois que c'était un clip pour retrouver un boulot. Pas de mon initiative, non. Un gars m'a proposé d'y participer. Je ne sais plus comment je l'ai rencontré. Sur le Web, c'est sûr, mais pourquoi ? Comment ? Franchement, je cherche, je ne sais plus.

Nous avions rendez-vous dans un parc à Vincennes, et nous étions nombreux à vouloir participer à un clip que le gars en question proposait de réaliser. Il était lui-même demandeur d'emploi et avait trouvé ce moyen pour se faire connaître. Il passait déjà, je l'ai su après, sur les ondes et à la télévision, mais moi je ne l'avais jamais vu. Il nous a rassemblés et nous a filmés en train de chanter un truc qui consistait à dire que nous cherchions un boulot. Nos noms et adresses mail furent collés sous nos bobines au moment où nous passions. C'était un truc assez groove.

Lui, forcément, était au premier plan, ce qui est normal puisque c'était son initiative. Je me suis retrouvée là, à chanter en chœur avec les autres que je voulais bosser et, franchement, ça a été un grand moment de solitude… Il fallait chanter, sourire, bouger en rythme. Comment dire ? Oui, là, j'ai pensé que j'avais vraiment tout essayé !

Nous sommes passés à la télévision. Lui, surtout. Ça n'a rien donné. Personne ne m'a contactée.

Toutes mes copines se sont marrées, et d'autres se sont bien fichus de moi. Je l'ai su après.

— Tu en es arrivée là, ma pauvre ?

Dans la série « les plans qui occupent », j'ai aussi été démonstratrice commerciale dans les grandes surfaces. J'ai démontré tout un tas de produits, de l'alcool aux croquettes pour chat. Crevant, mais sympa. Moins sympa de croiser un ex-collègue ou un voisin qui ne peut s'empêcher, au mieux de se barrer, genre je l'ai pas vue, au pire de te lancer :

— Ben !... Qu'est-ce que vous faites là ?

Mais ce n'est pas le pire, ça ! Non, le pire, c'est une bonne femme qui, me regardant, dit à sa fille :

— Tu vois ! Elle n'a pas fait d'études, voilà à quoi elle en est réduite. C'est ça que tu veux faire ?

Et la liste est encore longue...

J'ai été enquêtrice mystère. J'ai toujours su que j'étais faite pour l'imperméable et les lunettes noires. La blonde qui teste les produits et l'accueil clientèle, c'est moi !

J'ai distribué des prospectus, tracté des flyers. J'ai même, j'allais l'oublier, accompagné des enfants en train ou en avion. Paris-La Rochelle, Paris-Lausanne, Paris-Londres, Paris-Marseille. Et j'en passe. J'en ai fait quelques-uns, de trajets. Une façon de voir un peu de pays, moi qui n'ai plus les moyens de voyager...

Je me suis également remise au baby-sitting. J'avais ma petite clientèle.

J'ai eu un petit commerce de bijoux sur le Web. J'ai aussi confectionné des objets peints que ma communauté Facebook m'achetait. C'est grâce à elle que j'ai pu tout vendre et ne pas me retrouver avec mon stock sur les bras. Tout le monde s'y est mis pour m'aider, même celles et ceux qui ramaient financièrement.

Dans la série des trucs dingues, je me suis inscrite sur un site de casting, aussi, et j'ai été retenue. Oui, vous avez bien lu. J'ai eu l'occasion de participer, en qualité de figurante, à un feuilleton récurrent…

Pourquoi ai-je fait ça ? Pour exister. Pour m'occuper. Je crevais d'ennui. Et c'est rien de le dire. Et puis ces petits sous que je me faisais me servaient pour le coiffeur, les cigarettes, le ciné. Les faux frais, comme on dit. Cela m'évitait de tirer sur les allocations.

Il faut que je vous en parle, de ma communauté Facebook. Ce sont mes amis, ma famille, des gens que je connais dans la vraie vie, mais aussi des amis « virtuels », qui n'ont pourtant de virtuel que l'éloignement, parce que nous sommes liés, vraiment. Ils ne sont pas là histoire de me permettre de collectionner les « amis » comme des numéros, mais bien de partager mes bonheurs et mes coups de gueule. Ce sont des femmes et des hommes qui ont plein de choses en commun avec moi. Nous nous écoutons, nous nous soutenons, nous rions ensemble et nous pleurons ensemble aussi, parfois… Nous faisons bloc autour de ceux qui en ont besoin. Nous nous comprenons. Nous nous engueulons aussi, ça arrive ! Mais nous sommes avant tout respectueux les uns des autres, et ça, croyez-moi, c'est précieux. Ma communauté, c'est la chaleur, c'est la solidarité, c'est ce qui rend la vie moins dure. Nous nous entraidons, nous nous donnons des conseils… C'est un microcosme de gens qui viennent de tous les horizons, et que pour certains je n'aurais jamais pu rencontrer dans la vraie vie. C'est une belle histoire...

L'été est arrivé sans aucune proposition de remplacement. Je suis restée à Montmorency. J'ai fait quelques accompagnements de gamins sur leur lieu de vacances. J'en ai profité pour remettre à leur famille mon CV et ma carte de visite.

*
* *

L'automne pointe le bout de son nez, toujours aussi magnifique, mais je suis fatiguée. Je n'ai pas envie de sortir, de faire des photos.

J'avais depuis un moment de plus en plus mal aux jambes, au dos, aux fesses. J'étais fatiguée trop souvent. Très fatiguée. Du mal à reprendre mon souffle, du mal à me concentrer. Je mettais tout cela sur le compte de la fatigue, voire d'une dépression larvée que je refusais de prendre à bras le corps depuis toutes ces années et même bien avant le licenciement.

Je n'ai pas pris au sérieux toutes les nuits sans sommeil, à ne pas savoir comment mettre mes jambes qui me démangeaient. Des milliers d'insectes semblaient en avoir pris possession. J'étais épuisée, terriblement épuisée.

Un matin, alors que j'avais rendez-vous dans une boîte d'intérim, mes jambes se dérobent à la descente du train. Je me retiens de justesse à un poteau et je compte mes pas, croyez-moi, pour aller au poteau suivant et ainsi de suite.

Je suis rentrée chez moi en taxi et j'ai appelé le médecin.

Les rendez-vous chez les spécialistes sont pris rapidement. En une semaine, je suis reçue par un rhumatologue puis un neurologue. Ce dernier pose le diagnostic : fibromyalgie. Pour ceux qui ne connaissent pas, c'est une maladie qui cause des souffrances diffuses dans tout le corps, et qui est souvent accompagnée de troubles du sommeil. Non reconnue par la Sécurité sociale, donc pas moyen de m'arrêter, sauf si un médecin complaisant met comme diagnostic « dépression nerveuse ». Je refuse, mais je suis vite rattrapée par la maladie. Six semaines les pieds au mur à attendre que ça passe. Six longues semaines seule à la maison, car je ne dis rien à personne. Je prie pour qu'aucune boîte d'intérim ne me contacte, sauf Geneviève.

Le médecin m'arrête une première fois durant ces six semaines et m'assomme de médicaments qui me fichent en l'air. La maladie évolue, me semble-t-il, me laissant épuisée, douloureuse, hurlant ma douleur, me frappant les jambes et les bras. Un jour où je tente d'éplucher une pomme, je tombe de ma chaise tellement la douleur est intense.

Un matin, dans un semi-coma, je distingue ma sœur qui, affolée de n'avoir aucune nouvelle, a pris un train et est venue à l'appartement. Elle avait eu Mary, qui lui avait confirmé n'avoir aucune nouvelle non plus depuis plus de trois semaines. Elle me trouve ainsi, dans le vague total, tenant des propos bizarres, la peau des pieds grattée au sang.

Elle rappelle Mary, qui arrive avec Pierre, et ils m'emmènent en voiture chez ma sœur où je reste quelques jours, le temps de faire venir son médecin qui prolonge mon arrêt, change le traitement en me prescrivant quelque chose de moins lourd. En effet, l'un des médicaments, l'antidépresseur, me donne des TOC, d'où la compulsion des peaux grattées au sang. Les autres, les anti-inflammatoires, ne font qu'aggraver la douleur. On en revient au paracétamol simple et à un détendant musculaire.

Je mettrai des mois à récupérer un peu. Rien qu'un peu.

Ma sœur refuse que je rentre chez moi et me propose de m'installer chez elle. Je vois le spectre affreux du moment, vous savez, où vous perdez tout et que vous vous retrouvez hébergé dans votre famille. Mais ma sœur, son mari et leurs enfants sont adorables et me rassurent.

— Tu es là parce que tu es fatiguée, Margaux. Il n'est pas question que tu perdes ton appartement. Tu vas te requinquer et tu vas rentrer chez toi.

Je les regarde vivre avec douceur durant ces quelques mois. Ils sont heureux et ça fait du bien.

Aujourd'hui où j'ai tout perdu, ce n'est pas vers ma famille que je suis allée. Pas parce que je ne les aime pas ! Tout simplement parce que ça m'a semblé impossible. Je vais essayer de vous expliquer...

La précarité, le sentiment qu'on est à deux doigts de tout perdre, ça s'installe peu à peu. Au fil du temps. Au début, on se dit qu'on va vite retrouver. Et puis les mois passent, ça ne marche pas… Avec les allocations chômage, il faut faire très attention. Fini le superflu. On commence à sortir de la vie « normale ». On se sent différent, à l'écart. Mais on ne dit rien, on serre les dents et on avance.

Là, c'est la chanson de Souchon qui me vient aux lèvres : « On avance, on avance, on avance, c'est une évidence on n'a pas assez d'essence, pour faire la route dans l'autre sens… On avance. »

Au bout d'un moment, même l'essentiel est dans le collimateur : comment je vais faire pour payer mon loyer ? Pour payer ma facture d'électricité, cet hiver ? Alors, on met des pulls…

Ne rien laisser paraître, garder ma dignité, voilà ce qui me trotte dans la tête… Mais en fait je suis déjà sur le bas-côté. Et je n'ai qu'une envie, qu'on ne me voie pas ! Je veux être transparente, ne pas afficher ma détresse, je veux être comme les autres.

C'est à partir de là que j'ai regardé d'un autre œil les SDF, dans la rue, sous leurs couvertures. C'était moi, là, par terre. Peut-être. Ça a pris une telle réalité ! Tout à coup, j'ai basculé. Ça risquait d'être mon avenir. Et je voulais que personne ne puisse me voir comme ça ! Surtout pas ma famille, ni mes proches… J'ai commencé à avoir peur. Une peur rampante, sourde, qui me glaçait les sangs. Une peur que je n'ai pu dire à personne. Une peur qui m'étreint encore, aujourd'hui…

Janvier 2013

« Travailler encore, travailler encore… »

Je m'inscris sur certains forums de recherche d'emploi ou d'offres d'emploi, c'est selon. Je lis des choses qui me font de la peine sur « les branleurs qui ne foutent rien, et ne trouvent rien, forcément ». Sur « les vieux qui se laissent aller avant la retraite, pourquoi se défoncer à chercher » ? Je réagis, je commente.

Ah, quand il y a de grandes causes à défendre, des manifs à faire, ils sont là ! Un jour, un soir, une nuit. Le lendemain, ils seront redevenus des killers.

Alors il s'est passé quoi, là ? Je vieillis, me souffle ma petite voix. Oui, je vieillis peut-être, mais je dois encore bosser douze ans. Eh oui, les années passent et le chiffre douze reste bien le nombre d'années qu'il me faut bosser pour avoir une retraite décente.

Février, mars, avril, mai s'envolent et toujours rien. Je suis de plus en plus affolée. Je m'agite, je cherche dans tous les sens, et la panique m'envahit. Rien ne se passe dans le domaine de l'emploi, aucune touche, rien !

Ma durée d'allocations diminue. Il ne se passe rien non plus dans ma vie personnelle. Je n'ai plus de projets.

Comment le pourrais-je ? J'aurais adoré repeindre l'appart, par exemple, mais l'argent, je préfère le placer. J'aurais adoré aller faire un tour chez Ikea renouveler la vaisselle, les rideaux, le linge de toilette. Idem, je dois faire attention. Et puis je me connais, si je vais chez Ikea, je vais me retrouver à leur cafétéria à manger suédois et ça va aussi me coûter de l'argent.

C'est le vide. Un été se profile à l'horizon. Un nouvel été sans vacances. Mon corps me fait mal. Je tourne en rond dans l'appartement. Il faut que je sorte.

J'appelle d'abord Geneviève pour lui proposer un déjeuner entre filles. Sa voix est lointaine, triste. Je m'inquiète, et j'ai raison.

Ce sera la dernière fois que je passe un moment avec elle. Le cancer qui l'emporte est fulgurant. À l'annonce de son décès, j'ai hurlé comme une bête. Je me suis tapé la tête contre un mur, j'ai vomi ce que je n'avais pas avalé. Comment pourrais-je avaler quoi que ce soit, d'ailleurs. Comment ?

Je pleure Geneviève durant une semaine. Je ne m'en remettrai jamais. Jamais. Avec elle, j'ai rencontré une personne tellement belle, une femme d'une gentillesse et d'une générosité comme on en voit peu. Nous étions en train de devenir de vraies amies, et elle me manque toujours.

*

* *

Juin 2013

— Tu devrais te peser, me dit ma sœur.

— Pour quoi faire ?

— Dépoussiérer le pèse-personne, soupire-t-elle.

Moins sept kilos, affiche le machin lumineux.

— Alors ? me demande ma sœur depuis le salon.

— Oui, tu avais raison, j'ai perdu deux kilos...

— Mais bien sûr ! Et la marmotte..., me lance-t-elle, ironique, en faisant le geste de la pub.

Celle-ci, je ne peux rien lui cacher. Elle est comme notre grand-mère. Elle sait tout, elle voit tout.

Sept kilos, bon, OK, c'est beaucoup en peu de temps mais, depuis Geneviève, je suis tourmentée. Je pense à elle. Partie trop tôt, trop jeune, trop vite. Laissant un mari et deux enfants. Du coup, forcément, ça me ramène à ma condition. Je me dis qu'il faut vraiment que je trouve un job, qu'il faut vraiment que je puisse prendre soin de moi avant qu'il n'arrive un pépin. Un vrai.

Ma sœur partie, laissant son effluve de Shalimar, je me jette sur l'ordi. Je me persuade que je cherche mal. Que je suis nulle.

Je refais tous les sites, un par un. Je vérifie que j'ai bien actualisé mes CV depuis mes dernières missions. Mes dernières missions ? Non mais tu rêves, ma vieille. Tu n'as pas rebossé depuis l'année dernière ! Je change ma photo sur mes CV, sur les sites. Je m'inscris sur d'autres groupes d'aide, d'échange. Je participe activement.

Juillet arrive et le téléphone sonne. Je me jette dessus. J'évite de penser à Geneviève bien que le numéro qui s'affiche soit le sien.

— Madame Gilquin ?

— Oui.

— Laurianne Guittet. Je remplace Geneviève et je sais qu'elle vous aimait beaucoup. Elle vous a fait travailler plusieurs fois et il se trouve que j'ai une mission de quelques semaines. Ça vous intéresse ?

— Oui, bien sûr. Je préférerais un CDI, vous savez, mais si je peux repousser mes droits au chômage, je vais prendre cette mission.

J'ai rendez-vous dans le XVIe arrondissement, à nouveau. Quartier ultra-chic. Avant le jour du rendez-vous avec le client, je me poste devant la société. C'est du lourd, du très lourd. De la classe. Je n'ai jamais connu ça avant.

Je regarde le personnel arriver, repartir. J'observe leur code vestimentaire. Leur coiffure. Leur façon de tenir leur téléphone portable, de parler.

Vous savez que chaque entreprise a ses codes ? Oui, vous le savez forcément. Tenez, le plus bel exemple, c'est le film des Inconnus, *Les Trois Frères*. Légitimus bosse dans une boîte de communication, vous vous souvenez de la queue-de-cheval ? Voilà ! Bon ben, c'est partout pareil.

À l'issue de mon observation, je file m'acheter des fringues. Ça fait un moment de toute façon que je ne me suis pas rhabillée. Certains vêtements datent de l'époque de mon premier licenciement.

Je suis reçue par l'assistante RH dont je suis allée voir le profil sur Facebook. J'avais son nom, je voulais voir à quoi elle ressemblait. Elle est simple, c'est rassurant.

L'entretien se déroule rapidement, sans questions pièges. Ils ont besoin de quelqu'un, voilà, c'est tout.

Je suis embauchée et je commence le lendemain.

Au début, je devais remplacer la secrétaire en congés. Je me suis retrouvée dans un bureau de trois personnes, dont moi. Et j'ai donc remplacé la secrétaire. Puis j'ai remplacé, en même temps, l'assistante de direction, une femme plus jeune que moi, qui me regardait parfois un peu de haut.

On a fini par sympathiser et par s'apprécier. Elle m'a confié qu'elle était obligée d'être ainsi pour ne pas se faire piquer son poste et se faire respecter. Je suis toujours en contact avec elle, c'est une fille géniale.

N'empêche, j'ai assumé son poste et le mien sans broncher. Puis l'autre secrétaire est aussi partie en vacances et je me suis donc retrouvée responsable des trois secrétariats... Le tout sans que personne s'inquiète de savoir comment je faisais pour gérer, pour tenir le coup dans un univers qui, pour moi, était complètement nouveau.

Le côté positif est que j'ai découvert de nouveaux logiciels, d'autres méthodes de travail. Et ça, c'est vraiment bien.

Ils ont été satisfaits. Ils ont prolongé mon contrat de trois autres semaines. Puis encore trois semaines. Du coup, je me suis dit : c'est super, je vais être embauchée. Des clous : intérimaire je suis, intérimaire je reste !

Tout le monde est rentré de congés. Septembre a sonné à la porte et moi je me suis retrouvée, une nouvelle fois, au chômage.

— Vous comprenez, nos effectifs sont au complet.

— Je comprends, oui.

Dommage, leur cantine était bonne, et la terrasse au sixième étage offrant une vue imprenable sur Paris était agréable.

Tu regardes, mais tu ne touches pas, ma vieille. Toi, tu es l'intérimaire.

Septembre 2013

Compte à rebours

Les nouvelles ne sont pas bonnes du tout. Sur tous les fronts.

Il ne me reste, malgré ce remplacement, pas beaucoup de temps au chômage – à taux plein j'entends.

Le calcul serait pénible pour vous à lire, mais en gros j'avais droit à dix-sept mois de chômage après mon dernier licenciement.

Comment ça ? vous demandez-vous. Dites pas non, je vous vois froncer les sourcils !

J'avais droit à vingt-quatre mois à la suite de mon premier licenciement. Certains mois ont été décalés du fait des périodes travaillées en intérim.

J'ai été de nouveau salariée, quatorze mois. Puis j'ai fait une autre mission. Ces mois m'ouvrent alors autant de mois d'allocations. Mais on ne reprend pas l'arriéré du premier licenciement. Vous êtes surpris ? Ben oui, c'est comme ça...

Il ne me reste plus que quelques mois durant lesquels je percevrai des allocations...

Je demande un rendez-vous à Pôle emploi et un nouvel atelier. On me répond qu'il faut attendre encore un peu pour un atelier, que je suis autonome... OK, donc j'attends d'être bien bas ? C'est ça ?

— Ne le prenez pas comme ça ! Vous êtes des millions ! me rétorque-t-on.

Là, je sens la colère qui me gagne. Comment se fait-il que nous soyons des millions et que nous ne soyons pas dans la rue ?

C'est quoi, ce consentement à la noyade collective, sans cri ni révolution ? Comment pouvons-nous accepter cette condition alors que nos grands-parents ont fait 1936 ? Pourquoi tout le monde défend-il son bout de gras et pas nous ?

La réponse est sur le Net. Simple, percutante. Pour nous museler, nous, les demandeurs d'emploi, on nous file des allocations de fin de droits, on nous permet de payer moins cher le téléphone, l'électricité. On nous offre la CMU, des associations nous viennent en aide. Ça suffit à certains pour ne pas avoir envie de descendre dans la rue.

Du pain et des jeux.

Et puis autre chose. Nous, les chômeurs, servons de repoussoir à ceux qui bossent. Vous savez, j'ai souvent croisé ça lors de mes remplacements. Les chômeurs de longue durée font de plus en plus peur. Notre situation oblige les employés à travailler encore plus dur, encore plus longtemps, parfois dans de mauvaises conditions. Mais ils ont un job, eux, leur dit-on lors des évaluations annuelles.

Je vais, au cours des prochains mois, et au fur et à mesure que ma santé se dégrade, me pencher sur le sort des chercheurs d'emploi actifs et je ne serai pas étonnée de lire que nous sommes trois fois plus menacés de crise cardiaque, de cancer, de maladies graves que ne l'est un salarié. Qui peut résister à une telle pression ? Personne !

*

* *

Octobre 2013

L'arrière-saison est sublime, vraiment sublime. Cette année, je suis descendue à Biscarrosse, chez mon Célinou. Une amie de longue date. Une amie fidèle et sincère que j'adore. Elle est chanteuse et professeur de chant. Elle aussi s'est battue pour avoir la place qu'elle a maintenant. Elle a lutté contre vents et marées. Et elle a réussi. Je suis vraiment heureuse pour elle.

Elle me propose sa maison pendant qu'elle est en concert à Paris, où elle a décroché un contrat de dix jours. Et moi je lui laisse mon appartement. Cela fait tellement longtemps que je n'ai pas quitté la région parisienne !... Grâce au système D, je m'aère un peu.

Je profite de mon séjour pour me balader, me ressourcer sur la plage, au soleil. Il fait très beau. Je mange des glaces et des gaufres, je me remplume.

Les sous, vous demandez-vous ? Oui, je sais, je mets un coup de canif à mon Codevi. Tant pis, la santé avant tout. J'ai des kilos à reprendre et des forces à récupérer.

Je vais à Bordeaux. Je me promène le long des quais magnifiquement refaits. Je trempe mes pieds dans le miroir d'eau. Je me pose sur un banc, je regarde la Garonne et, par-delà la Garonne, la rive droite de Bordeaux. C'est dingue, les travaux entrepris ! C'est beau ! Je vois des immeubles émerger de terre et, soudain, je m'imagine que je recommence tout. Mmm… ça me fait du bien. Je ferme les yeux et je me jette dans mon rêve. J'ai un travail bien payé. J'ai un appartement pas trop cher sur la rive droite depuis laquelle je contemple Bordeaux illuminé le soir. Je m'achète des meubles neufs chez Ikea. J'apprends le suédois et j'occupe mes week-ends à décorer mon appart. Parfois, je vais à la mer ou à la montagne. J'assiste à des concerts à la Patinoire ou à l'Opéra de Bordeaux.

Je repars de zéro. Tiens, oui, ce serait bien, ça : repartir de zéro ! Et pourquoi pas ? Qu'est-ce qui m'empêche de m'inscrire ici dans les boîtes d'intérim ? De répondre à des offres ? Qu'est-ce qui m'en empêche ? À part moi, personne d'autre !

Ça me donne la pêche ! Je me lève d'un bond, ignorant ma douleur aux jambes, et je me dirige vers la rue Sainte-Catherine. La longue, si longue rue de Bordeaux.

Tout en marchant, je m'amuse de la jeunesse estudiantine. Je vois des gens vivre, rire, boire aux terrasses des cafés comme si c'était l'été.

Je prends un thé sur la place Saint-Pierre, ça me change du Starbucks, mais je regarde quand même passer les gens. Différents de ceux de Paris. Différents ? Pas tant que ça. Il y a beaucoup de bobos ici aussi à bien y regarder. Ils ont investi le quartier des Chartrons que je ne reconnais pas. Ma grand-mère maternelle y est née et y a grandi. Elle nous y emmenait, Martine et moi. C'était populaire. Mais là, je ne reconnais rien.

De retour à Biscarrosse, je vais à la plage. Assise sur le sable, je réfléchis à mon idée de m'installer à Bordeaux. Je me dis que je dois m'en donner les moyens. Le vent est frais ce soir, je reste encore un peu à regarder les derniers surfeurs. J'ai mal aux jambes, ça grouille de partout. C'est inconfortable au possible, mais pour rien au monde je ne manquerais le coucher de soleil et l'arrivée de mes amies. Je m'enroule dans mon plaid et je fixe l'horizon. Tout est beau et agréable. On se croirait sur une carte postale. Surtout quand je vois arriver la sublime Chris' de Bisca, mon Célinou et ma Coco. Elles se joignent toutes les trois à moi. On ne parle pas. Ça existe, des nanas qui ne parlent pas, je vous ferais dire.

Le lendemain, je retourne à Bordeaux avec mes CV. Assise sur un banc de pierre près du musée Jean-Moulin, je vérifie que j'ai bien tous les documents nécessaires. Une dame m'aborde gentiment :

— En visite à Bordeaux ?

— Oui et non, je cherche du travail.

— Vous devriez demander à M. Juppé de vous soutenir dans votre projet.

— Ah bon ?

— Oui, il est très actif à ce niveau-là.

Mais je n'ai jamais osé le faire. Peut-être ai-je été sotte ?

Ce jour-là, le jour du banc de pierre, je me suis présentée dans plusieurs boîtes d'intérim. Et, comme à Paris, on m'a dit de m'inscrire sur leur site. Quand on a vu mon adresse à Biscarrosse, la réaction a été unanime. Trop loin.

— La route, vous comprenez.

— Non, je ne comprends pas justement. Tout le monde fait de la route ici. Je suis surprise.

— Rapprochez-vous de Bordeaux. Ici, la circulation est terrible. On ne vous recrutera pas si vous êtes trop loin, me confie-t-on en conclusion.

À aucun moment on ne me parle de la qualité de mon CV, de mon expérience, etc. Pas grave. Je ne lâche rien. Au contraire : je vais m'acharner.

Je contacte une amie commune à mon Célinou et à moi, qui habite Mérignac, et lui demande si je peux mettre son adresse sur mon CV.

Je refais donc mon CV avec cette modification et je le renvoie. Je suis sûre de moi. Ça ne peut que marcher. Il me faut juste patienter.

*

* *

Je ne sais pas ce qui se passe en cette rentrée, mais j'ai un autre entretien. Toujours une société temporaire qui m'envoie pour un remplacement de longue durée. Je ne me fais plus aucune illusion, je ne travaillerai plus en CDI.

Je suis reçue par une dame d'un certain âge, dans une société de taille moyenne, mais installée dans des locaux magnifiques. Je me sens un peu petite sous les hauts plafonds, mais c'est vraiment agréable comme endroit.

Cette dame me regarde fixement.

— Vous êtes patiente ?

— Patiente de qui ?

— Non, vous ne comprenez pas. Êtes-vous patiente ?

— Ah, pardon… Euh, oui. Enfin, à quel propos ?

Elle pose les yeux sur la porte d'entrée, comme apeurée, et concentre à nouveau toute son attention sur moi.

— Voilà, je cherche une secrétaire qui m'épaule, mais j'ai un problème.

— Un problème de quel genre ?

— Un problème avec la fille de notre directeur.

Raclement de gorge de ma part. Je me demande si je dois partir maintenant ou tout de suite. Je n'ai pas bien envie d'en savoir plus. Les dingues, j'en ai ma dose, et je fatigue. Je me risque quand même à une question.

— Elle travaille ici ? Enfin… il faut travailler avec elle ?

— Elle est hôtesse d'accueil et standardiste. Son père lui a donné ce poste car il ne sait pas quoi en faire et il veut qu'elle gagne sa vie, mais on n'en vient pas à bout. Vous comprenez, c'est la fille du directeur. Par conséquent, il faut la remplacer très souvent et à n'importe quel moment. Il faut aussi sortir son petit chien.

— Mais vous cherchez une assistante ?

— Oui.

— Je ne vois pas comment je pourrais me concentrer sur mon travail, remplacer au pied levé la fille du directeur à n'importe quel moment de la journée, et sortir le petit chien ? Vous ne pouvez pas recruter une standardiste ?

— Je n'ai pas le budget…

Pas le budget. Pas le budget…

Avant de me rendre au Starbucks Coffee manger et boire des choses délicieusement dégueulasses et regarder les autres gens, je suis allée voir la société temporaire. Parce que, bon, y a un moment où quand même faut pas pousser mémère dans les orties !

Et là je suis de nouveau consternée par ce que j'entends.

— Madame Gilquin, pour être franche, je savais que le poste n'allait pas vous convenir, mais je vous ai envoyée là-bas histoire de montrer à cette société que nous avions des candidates de valeur et que ce qu'ils proposent n'est pas acceptable.

— J'ai peur de ne pas comprendre. Pour moi, ça sert à quoi ? J'ai dépensé de l'argent pour le train et fait mon numéro de claquettes, et ça me rapporte quoi ?

— Vous représentez notre société, lâche-t-elle.

— Dans ce cas, d'accord, mais rémunérez-moi pour faire ça ! Je ne suis pas votre faire-valoir.

— Vous avez tort, lâche-t-elle, ça peut être payant, vous savez !

Mais quand ? À la Saint-Glinglin ? Je vais m'étrangler de rage, je le sens.

— Et puis ça vous permet d'avoir des entretiens ! conclut-elle.

Je suis repartie furax, comme disait ma mère. Et croyez-vous que ça ne se soit pas reproduit ? Eh bien si.

Re-numéro de claquettes quelques semaines plus tard dans un cabinet d'avocats en proie à des difficultés avec son secrétariat composé de quatre assistantes. On m'a convoquée, écoutée puis on m'a présenté le poste. Ah… ben là, pour me faire sentir que j'étais le bouche-trou, la vieille à qui on fait faire n'importe quoi, c'était gagné aussi. En gros, je me tapais tout ce que les assistantes en place ne voulaient plus faire, y compris la gestion du standard entre midi et deux, aller à la poste, faire l'archivage, passer les fax, recevoir les livreurs, recharger les fournitures, préparer le café, etc. Dans un premier temps, on me proposait de les remplacer durant leurs congés.

Je me doute de ce que vous allez me dire : « Ça ou rien, Margaux, tu sais… De nos jours, on ne refuse pas du travail ! » Oui, je sais, j'ai déjà prouvé que je pouvais tenir des postes sans perspective de CDI. Je demande juste une chose, une seule petite chose : un minimum de respect. Ce cabinet d'avocats était opulent, mais utilisait, comme les autres, le spectre du chômage pour demander n'importe quoi. « Ça ou rien... », la phrase magique de notre époque formidable.

Oui, je leur ai laissé mon CV. Oui, j'ai quand même espéré...

L'envie de dire que je ne suis pas une boniche, que je n'en peux plus d'accepter n'importe quoi, je l'ai gardée pour moi. Une pilule bien amère... Je n'ai pas le droit de refuser. Je n'ai pas le droit de protester.

Cela étant, je suis contente de m'être déplacée, parce que vous savez quoi ? Le rendez-vous avait lieu dans un immeuble de la charmante place Dauphine. « Et alors ? » me direz-vous. Et alors, l'immeuble en question n'est autre que celui où ont vécu Signoret et Montand. Et puis la place est belle. Croquignolette avec ses platanes et ses joueurs de pétanque.

C'est tout, et c'est déjà beaucoup.

Ils ne m'ont pas prise. Trop vieille.

Quelques jours plus tard, nouvel entretien.

Après la nana qui m'a expliqué que j'avais l'âge de sa mère et qu'elle ne pourrait pas me faire « des remontrances si besoin », je tombe sur une fille qui, en riant, me demande :

— Si on vous appelle mamie, ça vous gêne ?

Juré, véridique. L'excuse ? C'est une boîte de trentenaires et ils aaaaadooorent taquiner leur assistante.

Et ça m'est arrivé plusieurs fois. Je n'ai plus de mots, là. Mais où sont passés la politesse, le savoir-vivre, le respect ? Tout ce que je peux leur dire, c'est que c'est de la discrimination à l'âge. Mais c'est tellement triste d'en être arrivé là...

Dans la série des entretiens bien pourris, en voilà un qui me tombe sur le nez. Cette fois, je vais à Bercy. J'aime bien l'endroit et j'en profite pour me balader. Il fait bon et je mange dans un petit troquet. Je ne me souviens plus du nom de ces allées, pas loin du musée des Arts forains. Tout a été refait à merveille. Les anciens chais réhabilités en boutiques toutes plus mignonnes les unes que les autres. Je regarde les gens aller, venir en attendant l'heure du rendez-vous. J'espère pouvoir rejoindre ce bataillon de salariés. Je voudrais travailler encore. Être vivante comme eux.

Tout en me dirigeant vers les locaux de l'entreprise qui recrute, je longe la Seine et je ne peux m'empêcher de penser à mes ancêtres qui sont partis d'ici, précisément, en 1848, sur *Le Labrador*, pour les colonies. Pénurie de travail, on envoyait les ouvriers en Algérie. Quelle tristesse a eue ma trisaïeule de grimper sur ce bateau avec son mari et leur fillette de dix ans à peine ? Elle quittait tout le monde. Parents, amis, habitudes, maison, pour un pays dont elle ne savait strictement rien. Décidément, rien ne change finalement. L'histoire se répète. Le boulot manque cruellement et il faut s'en aller, tout quitter.

Je suis assise depuis une bonne vingtaine de minutes dans le hall et j'attends. J'attends que l'on me reçoive. La personne a vingt minutes de retard et c'est, semble-t-il, normal.

Je me résigne. Après tout, ne suis-je pas payée à chercher du travail ? Je peux donc patienter.

La dame arrive enfin, très souriante. La poignée de main est chaleureuse.

— Vous me suivez ?

L'entretien se déroule au mieux. Il est fondé sur l'échange. Cette dame est courtoise et me laisse parler, m'écoute attentivement. Prend des notes. J'aimerais être une petite souris pour savoir ce qu'elle écrit sur moi en marge de mon CV.

Je suis un peu inquiète de sa relecture ensuite, seule, au calme. Ce sentiment d'être une élève que l'on note ne me quitte pas.

Parfois, elle pose son stylo et ça me rassure. Soudain, elle se recule sur son siège et croise les bras. Je n'aime pas ça du tout. J'ai dû dire une connerie, mais laquelle ? Et ce qu'elle me dit va me laisser sans mots.

— Vous êtes du mois de mai ?

— Oui, du 30.

J'esquisse un sourire, je crois naïvement que j'ai rencontré ma jumelle. Yes ! Ça va marcher.

— Du premier décan ?

— Si vous le dites.

— Ça ne va pas aller, alors.

— Pardon ? lui dis-je en fronçant les sourcils.

— Écoutez, je sais que je ne devrais pas vous en parler en entretien, mais vous êtes Gémeaux, ça ne va pas aller.

— Aller avec quoi ?

— Votre ex-future collègue. Elle est Scorpion. Elle va vous dévorer !

J'aurais voulu être prise en photo, vous voyez ? Oh, je sais ce que vous allez me dire : elle n'a pas le droit, la discrimination, et tout le tremblement. Oui, mais moi je n'ai pas le temps d'aller porter plainte et d'entamer une procédure. Et puis j'en suis restée sidérée…

De vous à moi, je m'attendais plutôt à affronter une des questions les plus débiles du top ten. On les trouve partout sur Internet.

Vous ne connaissez pas ? En voilà une ou deux, comme ça :

— Que faites-vous si vous héritez de la boulangerie de votre oncle ?

— Expliquez ce qu'il s'est passé dans ce pays ces cinq dernières années…

Pour en revenir à Pénélope Joli-Cœur et à ses histoires de signes astrologiques, tout récemment j'ai lu l'article suivant, sur le site d'une agence d'intérim :

« De prime abord, la question peut paraître saugrenue et surprenante. Mais les résultats le sont également et intéressants à plusieurs titres. Les données révèlent une séparation franche et nette entre les personnes nées aux saisons chaudes et celles nées aux saisons froides. De plus, certains signes sont largement plus représentés que les autres parmi les demandeurs d'emploi. »

Je lis aussi que les natifs du signe du Cancer, des Gémeaux et du Bélier sont en tête des chômeurs. Pour une fois que je suis première, je ne vais pas me plaindre !

On m'a aussi fait le coup de la graphologie, bien sûr. Une « consultante » m'a expliqué que mes *p* n'étaient pas finis, et que ça montrait que j'étais en manque de père… Non mais des fois ?

En attendant, je vais au Starbucks Coffee manger et boire des choses délicieusement dégueulasses. Et je regarde les autres gens.

Août 2015

Planter un arbre

Depuis quelques jours, je sens que je me suis détendue. Avec Tante Marthe, nous passons de plus en plus de temps à discuter. Nous nous livrons des bribes de notre vie, comme ça, devant une tasse de thé ou en repiquant des plantes. C'est doux et tranquille…

François, mon déménageur, est venu nous donner un coup de main, l'autre jour. Tante Marthe avait décidé de faire du rangement dans son grenier. J'adore les greniers ! Tous ces objets qui ont traversé le temps, qui portent une histoire… J'ai envie de les écouter pour les raconter à mon tour ! Mais là, c'était aussi teinté de nostalgie : Tante Marthe voulait laisser une maison en ordre, en vue de son départ.

Pourtant, une fois notre tâche accomplie, elle nous a glissé son envie de planter un pommier, cet automne.

— Vous voyez, nous a-t-elle expliqué, pour moi, planter un arbre, c'est croire en l'avenir. Je me dis que même si je quitte cette maison, et que cet arbre est encore jeune, un jour, un enfant mangera ses fruits…

Nous avons échangé un regard, François et moi. Je l'ai senti touché. Pour le remercier de sa gentillesse, Tante Marthe l'a gardé à dîner. Il a hésité avant d'accepter, mais elle a insisté et je crois qu'il n'a pas osé refuser. C'est un ours solitaire…

La cuisine de Marthe est chaleureuse, avec ses vieilles portes de chêne, ses tomettes patinées par le temps… La pierre de seuil est si usée qu'il y a un creux au centre. Chaque fois, j'imagine tous les pas qu'il a fallu pour en arriver là. Toutes les vies, tous les drames, tous les bonheurs…

Tante Marthe a ouvert une bouteille de vin pour l'occasion. « Ce n'est pas si souvent que nous avons un invité ! » s'est-elle réjouie. Le jour tombe doucement sur la campagne, nous nous régalons de magrets de canard venant d'un petit producteur local.

— Ça va, ton activité ? demande Tante Marthe à brûle-pourpoint.

François a l'air un peu surpris, puis il sourit. J'adore les petites rides qui plissent le coin de ses yeux…

— Oui, ça va, je ne peux pas me plaindre…

— Quand même, ça doit te changer !

Son visage se ferme instantanément. Toute étincelle de gaieté le quitte. J'arrête de respirer, mal à l'aise de sa gêne soudaine. Tante Marthe pose la main sur son bras.

— Excuse-moi, je suis indiscrète, dit-elle de sa voix douce. Mais tu sais, continue-t-elle, je suis toujours curieuse des histoires de ceux qui ont vécu ailleurs, moi qui n'ai jamais quitté mon Monteton…

François esquisse de nouveau un sourire, cligne des yeux en signe d'apaisement et lâche finalement, dans un souffle :

— Oui, ça me change. Mais la ville, tu sais… je me rends compte que je suis beaucoup mieux ici, en fait.

Le dîner s'est terminé tranquillement, comme il avait commencé, et nous n'avons plus parlé du passé. Quand François a pris congé, nous nous sommes fait la bise et j'ai aimé sentir sur ma joue la sienne, mal rasée.

Je ne sais pas quelle nécessité l'a poussé à venir s'installer dans cette campagne qui apparemment n'est pas la sienne, mais ça me renvoie à ma situation. En étant chômeuse longue durée, j'ai renoncé à tout. Aux vacances, aux projets, aux week-ends, aux sorties, aux fringues. Pas par choix ! Qui, de nos jours, peut se vanter de vouloir vivre chichement ? Même les salariés n'arrivent pas à joindre les deux bouts.

Il y en aura toujours pour aller raconter que la campagne, ça permet de se ressourcer, de retrouver le goût des vraies choses, les vraies valeurs… Quand j'entends ça, j'ai envie de remettre en route la machine à baffes de Bernard Blier !

Le retour aux vraies valeurs, je le veux bien, mais en tranches fines !

Il ne faut pas confondre résignation et envie de vivre autrement.

Oui, d'accord, pour certains, c'est un choix. Mais pour beaucoup, et je peux vous citer des noms, c'est juste une obligation. Réduire la voilure. Tenter de colmater les brèches histoire de ne pas finir par le fond. Pour celles et ceux qui, comme moi, ont envie de bouger, de sortir, de voyager, eh bien, le bouillon est copieux quand on est réduit à n'avoir que des rêves. Ne comptez pas sur moi pour vous dire que « rêver, c'est déjà ça » !

Novembre 2013

L'herbe verte

En attendant, et histoire d'aller voir si l'herbe est plus verte ailleurs en cette fin d'année 2013, j'ai répondu à plusieurs offres à Bordeaux et on m'a contactée.

J'ai deux rendez-vous. Le premier le lendemain à 14 heures, et le second le surlendemain à 11 heures. Deux réponses à deux offres. Mon CV marche. Je suis heureuse, même si c'est en CDD et que du coup les frais ne sont pas pris en charge par Pôle emploi. Pour qu'ils le soient, il faudrait que l'on me propose un CDI…

Me plaindre ? Non, je ne me plains pas. Je m'étonne juste : on nous serine qu'il faut être mobile, qu'il faut tout accepter, alors je suis surprise que l'on n'aide pas plus que ça les chercheurs d'emploi qui acceptent la mobilité géographique.

Je me rends au premier entretien. Il s'agit d'un remplacement de congé maternité. La mission serait de six mois. Là où ça coince, c'est quand la chargée de projet me demande, sèchement, comment je gère mes priorités. J'ai le sentiment qu'il s'agit d'une question piège. Je lui réponds que je différencie l'urgent de l'important.

Je lui parle de la matrice d'Eisenhower. Ce n'est pas pour lui en mettre plein la figure, mais pour lui montrer que je sais gérer les urgences et les priorités.

Râteau ! Son regard devient métallique. Elle me fixe longuement et me dit :

— Vous devez *me* demander, c'est à *moi* que vous en référez. C'est *moi* qui juge de ce qui est prioritaire ou urgent.

Il y a comme un malaise soudain. L'ambiance est glaciale. Je la regarde fixement et je compte le prix de mon aller-retour en train, dont elle ne sait rien puisque je suis censée habiter Mérignac.

C'est écrit sur le CV.

— Nous vous donnerons la réponse dans le courant de la semaine.

Elle sera négative.

Je suis trop autonome, j'ai cinquante-trois ans, je fais peur, je ne suis pas malléable et, horreur suprême, je connais mon métier. Comment va-t-elle faire, cette chef de projet, pour asseoir son pouvoir et faire valoir son savoir face à une bonne femme à qui il ne faut rien apprendre ?

C'est stupide de penser comme ça ! Nous avons tous à nous apporter. Les jeunes, les moins jeunes, les vieux, les moins vieux. Moi, je lui offre mes compétences en matière d'organisation, de secrétariat, mais j'ai des failles aussi. Tenez, je ne maîtrise pas Excel par exemple, alors qu'elle oui. Elle aurait pu m'apprendre, nous aurions pu travailler ensemble et faire du bon boulot. Néanmoins, je retiens la leçon de cet entretien et à l'avenir je ferai profil bas.

Le côté sympa ? J'ai eu accès à un bureau avec vue sur la Garonne et la secrétaire, charmante, m'a offert un café et un cannelé.

Coco me propose de venir dormir chez elle. Elle est en pleine formation d'aide-soignante, elle a du boulot par-dessus la tête, mais elle ne veut pas que je paie une nuit à l'hôtel.

J'ai vraiment des amies formidables, sérieux, quand j'y pense. Quel amour cette Coco !

Je l'invite à dîner dans une crêperie, car je sais qu'elle raffole de ça depuis une soirée mémorable passée à Biscarrosse avec Célinou et Chris' de Bisca.

— Oui mais vite fait, ma Margotte, hein, je dois réviser.

— Vite fait, c'est promis.

Nous passons une soirée très sympa. Elle se livre un peu, ma Coco. Ce n'est pas une bavarde, mais là elle me raconte un peu la galère qu'elle vient de traverser. Quarante et un ans, pas de boulot, ou que des boulots au rabais.

— Et tu me connais, je ne suis pas fainéante, hein ?

Je pose ma main sur la sienne.

— Je te connais, ma Coco.

Du coup, elle prépare, en parallèle de son travail dans une maison de retraite, ce diplôme pour être aide-soignante.

L'a des cernes, ma Coco.

Nous rentrons après le dîner en flânant un peu dans Bordeaux. Que cette ville est belle ! Décidément, je suis sous le charme.

Le lendemain, me voilà au second rendez-vous.

L'endroit, à première vue, est agréable. Le bureau du directeur qui me reçoit est au dernier étage. Les locaux sont clairs, bien exposés.

Il m'explique de quoi il s'agit avec des mots un peu compliqués pour moi, un vocabulaire soutenu. C'est dans le domaine de la recherche et, une fois de plus, je ne comprends rien à ce que l'on me dit. Je ne suis pas faite pour ce milieu, voilà ce que je me dis. Mais, mais… il est intéressé par mon CV, par mes expériences et par mon sens du service, ainsi que l'attestent mes lettres de recommandation. Et je vais vite comprendre pourquoi.

Il me dit qu'il me prend, et je demande à voir ce qui sera mon bureau. Ce n'est pas un bureau : c'est un hall. La société compte plusieurs centaines de personnes et est installée sur plusieurs niveaux.

Nous sommes quatre assistantes à travailler pour le compte de quatre cents personnes, y compris le *corporate*. C'est pour moi une véritable douche écossaise. Assises les unes face aux autres, nous ne sommes séparées par rien, nos espaces de travail se touchent. La porte de ce hall s'ouvre toutes les cinq minutes car elle donne accès à la cafétéria, aux fournitures et aux bureaux de certains commerciaux ou membres de la direction.

Nous n'arrêtons pas de la journée. Nous faisons tout, strictement tout. L'accueil, le secrétariat, la facturation, un peu de ressources humaines, l'infirmerie, les fournitures, les consommables, la maintenance du photocopieur, des téléphones, l'organisation des réunions, les voyages, la Poste, les plateaux-repas, les courses, tout. Je n'ai jamais vu ça. Je me demande où je suis tombée et je pense avec amertume à mon dernier CDI où, avec Flo, nous avions pris soin de bien nous répartir les tâches.

L'ambiance entre nous n'est pas trop mauvaise. Je suis bien intégrée, et ça c'est énorme, mais nous n'avons pas le temps de nous distraire. Chaque tâche est presque minutée. Les remerciements ? Peu ou convenus. Bien entendu, en bonne intérimaire, je remplace successivement les secrétaires lors de leurs congés respectifs. J'abats le boulot de deux, payé une. Mon entourage me dit que je suis stupide de me laisser faire. Moi, je vois, à la fin de la mission, une lettre de recommandation qui sera le sésame pour un autre poste, si possible un CDI. Merci.

J'ai pris une chambre à l'hôtel Ibis. Je n'ai pas voulu vivre chez Coco. Elle a sa formation, son boulot, et son studio, bien que très agréable, n'est pas grand. J'ai besoin d'un minimum d'indépendance. Et puis, avec dame fibromyalgie, nous avons une vie particulière. L'une empêchant souvent l'autre de dormir, il y a des nuits que nous passons côte à côte à nous demander ce que nous nous voulons.

À l'Ibis, j'ai mes habitudes. Ils sont adorables, attentifs, prévenants. Mais ça me coûte cher, d'autant que je dois aussi régler le loyer de Montmorency.

Je finis par trouver une chambre en colocation chez une dame mutique qui se couche à 20 heures après avoir récuré son appart à fond tous les après-midi, et exigé que je mette de l'eau de Javel chaque fois que je fais pipi. Tous les matins, elle est levée à 3 heures pour embaucher on ne sait où… Je suis épuisée, laminée par cette mission. Je ne profite de rien après le boulot parce que je suis tellement vidée que je rentre et je me couche, le cœur au bord des larmes.

Aussi, lorsque la mission se termine, je rentre chez moi sans regret de quitter Bordeaux. Je suis pressée de retrouver mon chez-moi, mes objets, ma vie. Je préfère, et de loin, y revenir lors de congés pour voir mes amis.

Je n'ai absolument rien gagné pendant ce CDD, tout est reparti en loyer. Mais j'ai travaillé, et ça, c'est énorme.

*

* *

Mai 2014

De retour à la maison, je m'écroule sur mon canapé et je regarde par la baie vitrée. Je suis de nouveau à la case départ. J'ai de nouveau prolongé ma période de chômage de quelques mois. En tout, il me reste autant d'allocations qu'avant.

Je survis. Je survis vraiment.

Je ne sais plus ce que je dois faire. Je suis partie en bons termes de cette société bordelaise, j'ai une lettre de recommandation. C'est déjà ça.

Je m'accorde quelques jours et je me remets à la tâche. Contrairement à la mission faite à l'hôpital, je suis, cette fois-ci, restée en recherche active.

Le soir, je continuais de répondre à des offres, étendant ma mobilité géographique à la France entière. Mais rien ne s'est présenté, pas un entretien, pas un appel, pas un mail. Enfin si, des mails me disant que « malgré tout l'intérêt que présente ma candidature… ».

Je contacte Pôle emploi, je sollicite un rendez-vous et, comme toujours, on me fait attendre. D'ici là, il faut que je m'occupe. Je décide de sortir un peu, chaque matin, à l'heure de l'école. Cela me permet de voir du monde. M'oblige à être douchée, habillée et maquillée. J'avais en effet noté que je me laissais un peu aller. Et ça, il ne faut pas.

Je sympathise avec une voisine victime elle aussi du chômage. La voyant tous les jours accompagnée de deux fillettes, je lui demande s'il s'agit de ses petites-filles.

— Pas du tout. Oh, elles sont adorables, j'aimerais bien être leur grand-mère, me dit-elle dans un sourire. Ce sont deux petites filles que je garde. Je suis assistante familiale pour l'ASE. Je ne trouvais plus d'emploi. À mon âge, vous pensez, passé cinquante ans, c'est fichu. Je ne voulais pas rester à rien faire. Je me suis rendue utile.

« Passé cinquante ans, c'est fichu », a-t-elle dit. J'en ai cinquante-quatre. Mince alors. Je ne veux pas, moi, que ce soit fichu, je ne veux pas du tout ! Je veux bien être utile, encore, moi aussi.

La chanson de Bernard Lavilliers tourne encore et toujours dans ma tête : « Je voudrais travailler encore, travailler encore, forger l'acier rouge avec mes mains d'or… »

Bon, pour l'acier, je ne suis pas sûre !...

Je rentre et je me mets à trier des papiers pour m'occuper parce que là, croyez-moi, je suis dans un tel état de nerfs, c'en est dingue.

J'entends un avion. Je lève la tête...

Roissy. Avion. Roissy. Départ. Femmes et hommes d'affaires.

Non ?

Si !

Je prépare des CV, j'en imprime d'autres, je mets le tout à la hâte dans un beau dossier et je prends le train. Arrivée à l'aéroport, je consulte les différentes destinations. Quelle est la plus chère ? Celle où les hommes font des affaires ? New York peut-être ? Allez, *go* ! J'entre dans la salle d'attente et je distribue mes CV. Les regards sont surpris pour certains, méprisants pour d'autres, indifférents parfois. Peu m'importe.

Qui ne tente rien n'a rien.

Au retour, je m'arrête au Starbucks Coffee. Je bois et je mange quelque chose de délicieusement dégueulasse. Et je regarde les autres gens.

Je raconte à Mary, Valérie et ma sœur mon expédition coup de tête à Roissy. Elles sont surprises et me réclament tous les détails. Bien sûr, ça se termine en fou rire ! N'empêche, marrez-vous aussi, lecteurs, ça a porté ses fruits !

Une semaine plus tard, je reçois un coup de fil sur mon portable. Je suis à Paris. Au musée de la Vie romantique, précisément.

— Margaux Gilquin ?

— Elle-même.

— Guillaume Choiselat. J'ai eu votre CV la semaine dernière à Roissy. Je partais à New York. Vous vous souvenez ?

Merde, merde, merde. Non, je ne me souviens pas d'un Guillaume Choiselat. M'aurait-il donné sa carte de visite ? Non, bien sûr que non. Je ne vais pas lui demander comment il est, tout de même. Ce ne sont pas des manières.

Il doit lire dans les pensées :

— Vous ne pouvez pas vous rappeler tous ceux à qui vous avez remis votre CV. On peut se rencontrer ?

Si on peut se rencontrer ? Bien sûr qu'on peut !

— Oui, avec plaisir.

— Vous êtes disponible quand ?

— Maintenant. Je suis à Paris.

Il y a un blanc. Je suis rouge, puis blême, puis rien. Mon cœur bat à une vitesse incroyable.

— Je sors d'un rendez-vous rue d'Amsterdam. Disons 12 h 30 au Starbucks Coffee de Saint-Lazare. Ça vous convient ? Ce n'est pas conventionnel, mais je dois ensuite aller à la gare du Nord prendre un train pour Londres, du coup j'enquillerai tout de suite après vous avoir vue, finit-il par me dire.

Je ne marche pas, je vole. Il connaît *mon* Starbucks Coffee ! Du coup, il « enquillera tout de suite ». Il est bien, ce garçon. Je l'aime déjà. Oui, enfin, professionnellement.

J'entre dans le Starbucks Coffee et je le reconnais tout de suite. Je l'avais remarqué dans la salle d'attente.

Grand, blond, les yeux bleus. Son regard m'avait frappée quand je lui avais tendu mon CV. Un regard un peu perdu ou absent. Bref, pas là. Il était plongé dans *Les Échos*. Oui, je m'en souviens. C'est lui.

Il se lève quand je m'approche de lui. Je suis habillée n'importe comment et je rougis. Je porte une jupe kaki, de bonne facture je vous rassure, mais simple, un haut noir, un collier de perles et boucles d'oreilles assorties, des escarpins noirs, un sac noir. Je suis à peine maquillée. Juste un soupçon de blush et du rouge à lèvres. Lui est en costume classique. Il semble d'ailleurs très classique. C'est aux regards échangés que je sais qu'il s'agit d'un coup de foudre professionnel.

— Mon assistante est en arrêt pour longue maladie jusqu'en septembre, si tout va bien, me dit-il en évitant mon regard. Un cancer du sein. Pris à temps, on espère. Il se trouve que je prépare un colloque qui réunit cent personnes. Sans compter mon secrétariat. Perso et pro. Je ne m'en sors pas. La dame qui remplaçait Patricia a quitté le poste. Elle n'a pas tenu le coup. Vous êtes solide ? me demande-t-il, inquiet. Parce que j'ai monté ma boîte il y a trois ans, et je peine à décoller. J'ai de quoi payer les salaires, mais faut qu'on bosse. J'ai pensé à vous car j'avais lu votre CV et je l'avais gardé dans ma sacoche.

— Je suis solide, oui.

C'est la seule chose que je suis capable de répondre.

— Vous avez une carte d'identité sur vous ?

— Euh… oui.

— Parfait. Je vous emmène à Londres, je vous expliquerai dans l'Eurostar. En espérant qu'il reste des places disponibles.

Il restait des places et, par je ne sais quelle chance – ou combine –, nous sommes côte à côte. Je souris en pensant à mes amies et à la tête qu'elles feront quand je vais leur raconter ça.

Dans l'Eurostar, nous sommes déjà un couple professionnel. Il me décrit le poste, ce qu'il attend de moi, mon salaire.

— Ça vous va ?

— Très bien.

Il appelle sa comptable et lui demande d'établir un contrat de travail à envoyer à mon adresse.

— Nous sommes jeudi, vous commencez lundi. 8 heures dans mon bureau, annonce-t-il sans me regarder.

Nous ne voyons pas le voyage passer. Il me confie la liste des participants à ce colloque. À moi d'organiser la logistique complète.

Nous arrivons à Londres et il m'entraîne vers un distributeur, retire plusieurs centaines de livres sterling et me dit, amusé, avant de sauter dans un taxi :

— J'espère que vous avez l'instinct de survie ?

— Je l'ai !

— Parfait. À lundi. 8 heures !

Et il part. Et je me retrouve à Londres, seule, un jeudi.

Juré. Craché.

J'y reste jusqu'au samedi. Je décide de prendre une chambre à Paddington et de visiter Londres pour la millième fois. Je m'en fiche. Je suis la reine du monde, je suis heureuse et lundi je bosse.

J'envoie une carte postale aux filles et je leur achète du thé pour leur faire un petit cadeau.

Je vais me poser dans un parc et je me prends à rêver que, là aussi, j'aimerais bien vivre.

À Londres.

*

* *

Le conte de fées a duré jusqu'en septembre. J'ai été l'assistante de Guillaume Choiselat et j'étais heureuse. Il est content car le colloque est un succès. Pas un seul grain de sable dans les rouages. Tout le monde est satisfait et moi, je mets une corde de plus à mon arc sur mon CV.

Oh, je sais, vous allez me demander si je n'ai pas espéré qu'elle ne revienne pas ? Eh bien, non, pas comme ça. J'ai espéré qu'elle décide de changer de vie à la suite de sa maladie. Mais, mais, mais… Patricia a un caractère bien trempé, et surtout elle a assez galéré pour trouver un emploi. Elle sait qu'à son âge, elle aura du mal à dénicher autre chose. Elle ne prend aucun risque et elle reprend sa place, fatiguée et amaigrie.

Guillaume m'offre le restaurant avant mon départ. Nous ne nous parlons quasiment pas. Je ne peux pas. Je suis sûre d'une chose : le prochain poste, si j'en trouve un, ne sera jamais à la hauteur de celui-ci.

Si j'ai distribué mes CV à ses relations ? Oui. Comme d'habitude.

Me voici donc chez moi, assise sur le canapé, à regarder par-delà la baie vitrée.

Je consulte mes mails, je valide mes CV. Et la vie reprend son cours.

Il me reste peu de mois avant la chute.

C'est flippant, nom d'un chien. Je lève les yeux au plafond et je respire à fond. Rien n'est acquis, décidément rien. Je suis sur un fil. J'ai cinquante-quatre ans et je vais en baver comme ça combien de temps ?

Je pense à tous ces gens qui ont bénéficié d'un plan, à une époque. C'était le plan ARP, je crois. C'était pas mal, ça. Certains sont partis à cinquante-cinq ans et tant mieux ! Pourquoi s'acharner à nous faire chercher un emploi qui n'existe pas ? Pour nous crever à la tâche ?

J'ai bien une idée, moi, si ça intéresse quelqu'un…

Pourquoi ne pas mettre les chômeurs de plus de cinquante-cinq ans en préretraite ? Ou encore, pour ceux qui le veulent, pourquoi ne pas les faire travailler au service d'une commune ? Hein, ce serait bien, ça. À s'occuper d'enfants, de personnes âgées, de malades ? À donner des cours, à faire du soutien. Je ne sais pas, moi, mais y a bien un moyen de trouver quelque chose.

Un reportage que j'ai vu me trotte dans la tête. L'entrée en matière est le constat d'une psychanalyste qui dit ceci :

« La peur de perdre son emploi est une angoisse profonde née de la crise et qui a gagné toutes les classes sociales. Les conséquences psychologiques sont énormes : perte de confiance, sentiment d'inutilité, dépression, etc. »

Me voici rassurée. Je ne suis donc pas inutilement inquiète, je ne suis pas parano en parlant d'un sentiment d'inutilité, je ne suis pas fragile parce que déprimée…

La suite est tout aussi intéressante, car deux dames de cinquante ans environ sont interrogées. Voici un extrait du témoignage de l'une d'elles :

« J'ai cru que j'allais retrouver très vite, mais le temps passait et je ne trouvais rien. Je me minais, je me minais, je me minais. La recherche d'emploi est une répétition : échec, espoir, échec, espoir… on finit par se détester. On est dans une spirale d'échec et on se culpabilise. Le travail, c'est le pilier, la colonne porteuse. Sans tout ça, on n'est plus rien. »

Ça me fait penser à ce film d'Henri Fabiani (*Le bonheur est pour demain*) dans lequel le narrateur affirmait : « Le bonheur est surtout cet accomplissement total de l'être par le travail, une vocation qui donne une raison de vivre. »

À la fin du reportage, la psychanalyste parle de « blessés de la guerre économique qui ne sont pas soignés ».

De guerre ? Eh bien, moi, je vais vous dire : j'ai bien raison de penser qu'on y est, en guerre, et que le temps où le bonheur était dans le travail est bien loin, voire révolu pour certains. Sauf coup de bol.

Et je ne parle pas de tous les cas de burn-out que l'on relève ici et là ! Cet épuisement physique et psychologique qui va, peut-être, être enfin reconnu comme une maladie professionnelle !

C'est décidé, je pars quelques jours à Bisca. J'ai besoin de reprendre des forces avant de retourner faire la guerre. Ma Céline m'accueille tellement gentiment…

Je profite de mon séjour à Biscarrosse pour aller à Bordeaux et rencontrer un recruteur, que j'ai relancé plusieurs fois car j'ai identifié un poste qui pourrait me convenir, et qui a eu la gentillesse de m'accorder une danse. S'il l'a fait, c'est que le poste me correspond en effet, non ?

La société, nichée dans un immeuble cossu, se situe dans une jolie petite rue. Le rendez-vous est agréable. Le recruteur est une recruteuse d'une quarantaine d'années, courtoise, souriante. Cela me fait beaucoup de bien. Je ne suis pas stressée.

Je me sens normale. Enfin, jusqu'à maintenant.

Elle conclut l'entretien en m'avouant qu'elle n'a rien à me proposer pour le moment, mais qu'elle souhaitait absolument me rencontrer car elle a trouvé mon CV intéressant.

Stupéfaction de ma part – c'est un euphémisme !

J'aimerais tant, rien qu'une fois, tomber sur quelqu'un qui me reçoive pour autre chose que pour me tester et m'observer. Et qui me dise :

— Vous êtes celle qu'il me faut !

Elle a dû lire dans mes pensées, ou plutôt voir mes yeux bleu fade passer au gris acier, car elle plonge subitement dans ses papiers, cherche quelque chose et relève le nez, gênée.

— Je suis navrée. Vraiment navrée. Mais surtout terriblement gênée. J'ai fait une erreur. Votre CV m'intéresse au plus haut point, mais pas pour le poste sur lequel vous vous êtes positionnée. Il requiert des compétences que vous n'avez pas et que le client a ajoutées après la parution de l'annonce. Des compétences comme la comptabilité et la gestion de la paie.

Son regard est franc, ce qu'elle me raconte est vrai. Cette fille est honnête, c'est sûr, elle s'est vraiment trompée.

Mais elle me confirme qu'elle ne manquera pas de me contacter. Qu'il faut que je garde confiance et qu'elle me remercie de cet entretien.

Je ressors finalement satisfaite, pour ne pas dire presque heureuse. Mon CV est intéressant. Yes ! Il faut prendre tout ce qui est bon… Du coup, je m'offre une balade en bus à impériale à travers la ville, puis une visite avec un guide conférencier et je conclus par une promenade en bateau sur la Garonne. Il faut aussi savoir se faire plaisir.

Lâcher prise, comme on dit. Et le fait est que je ne pense à rien. Rien d'autre. Tellement à rien d'autre que j'en oublie de consulter mon téléphone que j'avais mis en silencieux durant l'entretien.

C'est en consultant ma messagerie dans la soirée que je découvre le message d'une société temporaire à Paris me proposant un poste d'une durée de douze mois. Je rappelle le lendemain pour m'entendre dire que je n'ai pas été assez réactive, que c'est trop tard, mais que ce n'est pas grave, il y aura d'autres occasions…

Cours, Forrest. Cours.

Je suis toujours à Biscarrosse quand je reçois de Pôle emploi une convocation pour me présenter, si je le souhaite, à un forum sur l'emploi dans le domaine viticole. Ma conseillère étant au courant que je prospecte aussi en Aquitaine me suggère un poste d'opératrice de saisie dans un chai de la pampa sud-girondine.

— Tu ne vas pas y aller! s'indigne Cathy. Pas pour quinze jours !

— Si, si je vais y aller ! Je ne peux rien négliger, tu sais. Ils peuvent me recruter pour quinze jours et me garder, va savoir.

— Mais pas opératrice de saisie, tu n'y penses pas !

— Je ne pense plus, Cathy. J'ai besoin de travailler.

Je chercherai une bonne heure ce forum de l'emploi des vins. Aucune indication, nulle part, sauf sur la porte d'un hangar qu'il faut, bien entendu, trouver. Le hangar. Pas la porte.

Lorsque j'entre dans le chai, j'ai un haut-le-cœur tout de suite. Ça sent le vin à plein nez. Un groupe de trois jeunes femmes m'accueille à l'entrée.

Nous ne sommes que quatre chercheurs d'emploi dans ce forum. On nous tend deux formulaires à remplir, dont un sur lequel on nous interroge sur ce que représente le travail pour nous. Puis nous devons les rapporter et patienter jusqu'à ce que l'on nous fasse venir à une table installée au fond, où trois recruteurs se répartissent la tâche.

Il faut donc traverser tout le chai pour y parvenir. Si j'osais, je me déhancherais en faisant de grands pas. Style mannequin sur un podium.

J'ai la nausée, je vous jure, j'ai la nausée.

Coup de bol pour moi, je tombe sur une fille sympa qui m'explique que le boulot consiste à attendre les camions de raisin (je vous raconte en gros, parce que je ne maîtrise pas bien le jargon…), à entrer les données qu'un gars me donne sur un papier. Ensuite, je dois saisir les informations sur ordinateur. Faut faire vite, courir d'un camion à l'autre. On embauche à 6 heures et on peut changer chaque jour de château.

— Vous avez une voiture ? me demande-t-elle, parce qu'il y a trois châteaux. Le salaire est de 9,61 euros bruts de l'heure.

Elle marque une pause. Sans doute s'assure-t-elle que je comprends tout.

— Vous êtes disponible ? Parce qu'il faut être flexible. C'est un CDD de quinze jours, mais ça peut être davantage. On ne sait pas, ce sera en fonction. De toute façon, vous ne travaillez pas en ce moment.

Je me demande si je ne suis pas revenue au temps de l'esclavage. On dispose de nous. Point. Ça me rappelle les contrats anglais dits « zéro heure » : celui qui le signe est à la disposition de son employeur, qui l'appelle quand il veut et ne le paie qu'à la tâche. Le plus gros, c'est qu'il est quand même lié à cet employeur et n'a pas le droit d'aller voir ailleurs en même temps ! De l'esclavage, je vous dis !

La fille qui me reçoit sait de quoi elle parle, elle a les mains d'une nana qui bosse, le regard franc, et elle va à l'essentiel. Elle a besoin de personnel.

Mais les trois autres nanas, les bras croisés, nous regardent avec condescendance.

L'une d'entre elles me parle d'un poste de secrétaire de direction dans une propriété vinicole qu'elle connaît bien. Elle a ça sous le coude, dit-elle.

Elle m'explique qu'elle ne sait pas quand le job commence. Il s'agit de remplacer une dame qui part en congé maternité, mais ça peut être à n'importe quel moment.

Elle m'explique aussi qu'il ne faut pas compter ses heures, que l'on peut travailler huit heures, payées sept. C'est la crise, lâche-t-elle. Elle continue en me disant que la pause est prise sur le coin du bureau en trente minutes. Elle ajoute qu'il faut nettoyer les locaux, vendre le vin sur la propriété, faire l'étiquetage, et elle conclut en me disant :

— Vous pouvez soulever des charges lourdes ?

— Ben, c'est difficile, en fait. J'ai une fibromyalgie.

— Ça va pas être possible alors, tranche-t-elle. Il faut porter les cartons de vin et les mettre dans le camion en plus de la saisie.

Avant de reprendre :

— Je vois que vous avez été assistante dans de grands groupes. Le poste que je vous propose n'est pas fait pour vous. Vous ne tiendriez pas le coup.

Je ressors de ce chai sous un soleil de plomb, le cœur sur l'estomac et les jambes en coton. Je reprends la route direction Biscarrosse, où je vais me jeter à l'eau, histoire de me laver de cette journée.

Décembre 2014

Dernier Noël à Paris

C'est déjà le sixième Noël depuis mon premier licenciement et il me semble que c'était hier. C'est étrange. Le temps s'est arrêté. Je fais si souvent les mêmes choses que le temps me paraît long. Et pourtant, si j'en crois mon récit, j'ai vécu, j'ai bossé. En réalité, je n'ai pas fait le deuil de ce licenciement. Je pense toujours que la punition va être levée, que je vais rentrer à la maison, tant ce travail était celui qui me convenait le mieux. Je me sens exclue, je me sens la vilaine, je me sens la non-désirée, l'intruse. Ça me ramène au divorce de mes parents et à mon propre divorce. Je n'ai pas réglé mes comptes. Et ça, je le sais !

Au-delà de ça, je me rends compte que ma vie est un tel vide que sans ce boulot, sans *le* boulot, je crève. Tiens, ça ne vous rappelle rien ? Moi, si. Le témoignage de la dame du reportage. Mais si ! Souvenez-vous !

N'empêche, je vis précisément ça et il faut que j'essaie de prendre soin de moi, mais je ne peux pas. Le boulot, c'est ma liberté, ma liberté à moi. Je ne suis pas pressée d'être à la retraite, non, pas pressée du tout.

Je vais à mon rendez-vous à Pôle emploi avec une petite appréhension. Je ne vous ai pas dit que j'avais des rendez-vous à Pôle emploi ? Ah, pardon ! Eh bien, oui, j'ai rendez-vous avec mon gentil conseiller chaque mois. Si c'est bien d'avoir un conseiller plutôt qu'une conseillère ? Ah ben, je ne sais pas moi. Vous me posez de drôles de questions. Il est sympa, on pourrait même dire amical. Il est souriant en tout cas. Il m'écoute, me met en confiance, me dit de me calmer.

— Ça va aller, madame Gilquin, faites-vous confiance.

— Euh… non, je n'ai plus confiance, là, vous voyez ? Plus du tout.

— Je vous propose un accompagnement. Vous êtes d'accord ?

— De quoi il s'agit ? Parce que si c'est pour faire un numéro de claquettes et perdre mon temps, je n'y tiens pas du tout !

— Laissez-moi vous expliquer avant de monter sur vos grands chevaux, me répond-il en riant.

Et il m'explique que cet accompagnement va me permettre d'élaborer un projet d'accès à l'emploi avec l'appui d'un professionnel. Que je vais m'engager dans une démarche de réflexion sur mes caractéristiques personnelles et leur adéquation avec mon futur emploi. Pendant trois mois, on va faire le point sur mes expériences et mon parcours. Identifier mes atouts et compétences ; définir les emplois et métiers qui correspondent à mes critères *et* aux besoins de l'entreprise ; élaborer un projet de retour à l'emploi et les actions pour le mettre en œuvre.

— Vous m'écoutez ?

— Je ne fais que ça.

— Insolente, avec ça ! me dit-il, amusé.

J'éclate de rire et nous faisons la paix.

À l'issue de cet accompagnement, j'aurai complété ou initié mon passeport orientation/formation dans lequel l'ensemble de mon travail figurera, ainsi que l'ensemble des démarches à entreprendre. Ce faisant, j'aurai acquis une méthode de travail me permettant de m'orienter tout au long de ma vie professionnelle.

Silence appuyé de mon gentil conseiller. Une mouche passe. Y a toujours une mouche pour crever le silence. Il reprend, non sans m'avoir adressé un sourire et un regard qui en disent long. Il doit y avoir des caméras dans leurs locaux pour qu'il ne me parle pas mais me sourie d'un air entendu.

— Donc vous aurez six entretiens individuels d'une durée d'une heure trente chacun.

Et là, je bondis :

— Mais des entretiens à n'en plus finir, pour faire quoi ? Vous pouvez me le dire ? Raconter ma vie ? Faire le point de mes recherches ? Mais ça, on le fait ensemble ! Moi, ce que je veux, c'est un travail !

— Je vous aide à en trouver, Margaux. Euh… madame Gilquin, pardon.

Il a des airs de Pascal Elbé dans ce film, là, avec Mathilde Seigner. Mince, je sais plus le titre. Il est banquier et il arrose sa plante avec un petit pulvérisateur. Aidez-moi aussi, vous !

— Je n'ai pas vu ce film, me dit-il en souriant.

Zut, je ne me suis pas rendu compte que j'avais pensé à voix haute.

Il reprend :

— Vous aurez des journées de travail en groupe qui vont vous permettre d'exposer collectivement les projets, de mutualiser les démarches, de préparer les enquêtes et d'élaborer des stratégies personnelles à l'aide du groupe. À travers ce processus d'accompagnement, vous serez amenée à développer les informations sur les dimensions suivantes : connaissance de soi, acquis professionnels ou extra-professionnels, ressources et contraintes personnelles, connaissance de l'environnement et des métiers…

Je ne lui laisse pas le temps de finir :

— À cinquante-quatre ans bien sonnés et avec le parcours que j'ai, je n'ai pas besoin d'orientation ou de passeport ! Je sais ce que je veux. Ils ont servi à quoi les bilans de compétences ?

Calmement, il me répond que si je ne souhaite pas faire cet accompagnement, je suis libre. Grand bien me fasse. Mais qu'à un moment, il va falloir que j'entreprenne une action significative auprès de Pôle emploi, et que je peux faire faire une EMT.

— Une quoi ?
— Une évaluation en milieu de travail.
— J'ai peur de ne pas comprendre.

C'est simple pourtant.

Je vais aller offrir mes compétences, sans rémunération, en échange d'une formation sur un logiciel.

Suis-je suffisamment désespérée pour accepter ça ?

En fait, j'ai déjà été désespérée à ce point... Durant une saison estivale, j'ai fait du bénévolat pour un maire. Ah oui, je ne vous ai pas raconté ça non plus. Eh bien, j'ai aidé le maire d'une petite commune lors de l'organisation d'une exposition. J'avais été recommandée par une relation commune. Donc ce maire, dont l'assistante était souffrante, me contacte me demandant si, pour m'occuper, j'accepterais de faire un peu de bénévolat en échange de quoi, s'il pouvait me recommander en cas de proposition d'emploi, il le ferait.

J'ai donc aidé quelques semaines. J'ai fait les permanences, week-end compris, d'un lieu d'exposition où il n'y avait même pas de toilettes. Huit heures par jour avec une coupure d'une heure pour manger – repas non pris en charge. J'ai trouvé des acquéreurs pour quelques-unes des toiles, je n'ai reçu de remerciements de l'artiste qu'un simple mail : « Merci de ce que vous avez fait », alors que j'avais quand même vendu pour deux mille cinq cents euros de gribouillis sur tissu pendant que le type était à la plage et qu'il postait ses photos sur Facebook !

J'ai fait rencontrer au maire et à cet artiste une de mes connaissances, directrice d'un musée d'art. J'ai distribué des flyers, gratuitement, pour l'exposition suivante. Puis, son assistante revenue, je me suis vue remerciée sans autre forme de gratitude qu'une poignée de main et un sourire.

— Merci pour tout. Surtout si vous avez besoin…

Et j'ai eu besoin. J'ai répondu à une offre de secrétaire de mairie. J'ai tout de suite contacté Monsieur le Maire. Et j'attends encore. Oui, j'attends encore…

— Une EMT n'est pas du bénévolat, reprend doucement mon conseiller. Cela permet à une entreprise de vous tester durant une période donnée et, éventuellement, de vous garder. À vous de faire vos preuves et de faire en sorte de rester.

Je vais m'étrangler, je le sens.

— Mais tout ça gratuitement ?

— Ne le prenez pas mal. Dites-vous aussi qu'une EMT est un moyen de mettre un pied dans l'entreprise.

— Oui, je sais, en créant le besoin.

— Ça peut aussi, dans le cadre d'un CDI ou d'un CDD, être le bon moyen de convaincre un employeur de vous mettre à l'essai.

— J'ai compris. On peut toujours rêver…

J'ai signé pour cet accompagnement et, finalement, je n'ai pas été déçue. J'ai rencontré des prestataires gentils, qui ont tout fait pour nous redonner confiance. Des prestataires qui étaient soumis à des quotas de rendez-vous, à une pression terrible, mais qui n'en laissaient rien paraître. Rien à voir avec le dédain affiché par certains cabinets de recrutement et sociétés de travail temporaire.

Je me souviens de cette consultante, lors de la présentation d'une formation, qui n'a pas daigné regarder un public composé de trente personnes, pour la plupart des dames qui se demandaient, faute de mieux, si elles allaient devenir auxiliaires de vie sociale. Cette nana a fixé la fenêtre en fond de salle durant tout le temps où elle a débité sa leçon. Je n'ai croisé son regard que deux fois en quarante minutes d'explication. À côté d'elle se tenait une jeune femme qui nous abrutissait de *slides* sur la profession et qui ricanait constamment. Aucune humilité, aucun savoir-vivre, aucune bienveillance.

Alors oui, tous les prestataires, sans exception, de cet accompagnement ont été adorables. Quand je pense qu'on les presse comme des citrons, parce qu'il faut remporter le prochain marché Pôle emploi.

Le principe de cet accompagnement est qu'il se déroule avec d'autres demandeurs d'emploi. Alors, au début, je me suis dit : « Oh non ! Je vais côtoyer les cas soc' ! »

Comment ça ? Vous êtes étonnés que je dise ça ? Mais moi aussi, j'ai eu mon a priori sur les demandeurs d'emploi. Mais oui, parfaitement ! Moi aussi, j'y ai cru au « si on veut, on peut », et que le RSA et les ASS étaient destinés aux fainéants, aux tire-au-cul, aux profiteurs. Mais ça, c'était avant, avant que je ne vive cet enfer.

J'ai partagé ces semaines avec des gens qui, comme moi, vivaient ces expériences. Nous avons échangé dessus, nous avons partagé, nous nous sommes soutenus, aidés. Nous étions, toutes catégories confondues, ensemble. Nous n'étions plus seuls. La vertu de ces réunions a été, pour moi, de prendre conscience que dans tous les domaines, et toutes les catégories d'âges, de milieux, de diplômes, nous étions dans la même galère, strictement la même galère. Alors c'est rassurant et pas rassurant en même temps. C'est rassurant pour soi. *Je ne suis pas seule, ça ne vient pas de moi spécifiquement.* Mais ce n'est pas rassurant pour tout le monde, car la question est toujours la même : qu'allons-nous devenir ?

Au terme de cet accompagnement, je n'ai pas trouvé d'emploi, malgré les émulations en groupe, les ateliers, les fous rires à se filmer en train de faire semblant d'être en entretien d'embauche.

Les fous rires ? Pas seulement. Je me souviens avec émotion de Mathilde qui éclate en sanglots, après un simulacre d'entretien d'embauche. Gilles a tellement bien tenu son rôle de recruteur que Mathilde, un moment, un moment seulement, y a cru. Elle a cru que c'était pour de vrai, elle a cru qu'elle avait décroché un poste. Eh bien, non, ma pauvre Mathilde. Ce n'est pas vrai, c'est pour de faux. C'est du jeu.

Nous nous séparons toutes et tous très tristes, mais nous allons nous revoir. Nous avons créé une page Facebook dédiée aux recherches d'emploi et à l'entraide. Je sais : il y en a beaucoup, mais nous avons le droit de rêver, de partager, et c'est ce que nous faisons ! Deux d'entre nous vont trouver un emploi par ce biais et nous fêterons l'événement ensemble.

De cet accompagnement, j'ai aussi appris à mieux me vendre, à envoyer des candidatures mieux ciblées, à m'économiser.

— Je sais que vous cherchez un emploi, m'avait dit Céline, la gentille prestataire. Mais ne vous éparpillez pas. Vous partez dans tous les sens. Recentrez-vous.

— J'ai peur, Céline, vous savez.

— Oui, je sais que vous avez peur, mais vous savez aussi que vous ne pourrez pas exercer certains métiers à cause de votre maladie. Pourquoi vous acharner à répondre à des postes que vous ne pourrez pas tenir ? me dit-elle doucement.

Le découragement, la dévalorisation à mesure que la durée du chômage s'allonge. Alors oui, je me suis rabattue sur des offres qui n'ont aucun rapport avec ce que je souhaite faire.

La peur dont j'ai parlé à Céline, elle m'accompagne du matin au soir et du soir au matin. C'est une boule dans mon estomac, ma gorge serrée en permanence. Quotidiennement, je croise des gens par terre, dans la rue, et c'est mon visage que je vois chaque fois. J'en ai des sueurs froides et je m'agite comme une mouche dans du miel pour me tirer de ce pétrin qui m'englue. Il ne me reste que quatre mois de « salaire », comme j'appelle mes allocations pour le plaisir de prononcer encore ce mot… Oui, j'ai peur parce que je sais bien que je suis au bord du gouffre. Je ne suis pas la seule, je sais, et ça ajoute à mon angoisse. Qu'allons-nous devenir, tous ? Et que vais-je devenir, moi toute seule ?

Céline a raison. Pourquoi avoir répondu à ces annonces pour travailler au plein air ?

C'était pour aller dans les vignes, chez les petits exploitants du côté de chez mes grands-parents. Une façon d'essayer de me réchauffer…

Mais je ne pourrais pas tenir toute la journée debout, même avec des pauses, qu'il pleuve ou qu'il fasse beau, je ne peux pas, je ne tiendrais pas. De même que je ne peux pas participer plus d'une journée à la récolte des prunes ou des tomates dans mon Lot-et-Garonne.

J'avais aussi postulé en Corse pour ramasser des clémentines. Je deviens folle, je sais, je deviens folle. Je veux me sauver en fait, je veux fuir.

Céline m'a appris à refaire mon CV et ma lettre de motivation. Elle m'a aussi appris à vendre les avantages que ça présenterait pour une entreprise de m'embaucher, d'embaucher une senior. Je glisse donc, à chaque candidature, le couplet qui va bien.

Je quitte son bureau une dernière fois et nous nous embrassons. Et je pleure.

*

*   *

— Pourquoi ne te mets-tu pas autoentrepreneur ? me demande mon entourage.

— Parce que je n'ai pas les tripes pour ça dans l'immédiat. Je veux une structure, un patron, un bureau, un boulot ! Je veux prendre le train le matin avec d'autres gens.

— Ah bon ? Le train. T'es sûre ?

— Vous ne comprenez pas que j'en peux plus d'être cloîtrée à la maison, de ne plus voir personne, strictement personne, au point d'en devenir agoraphobe. Je suis repliée sur moi-même. Je vais devenir dingue de vivre avec moi, je n'en peux plus de vivre en tête à tête avec moi-même. Je demande une séparation d'avec moi-même.

— Faudrait que tu sortes davantage ! finit-on par me lâcher. Tu deviens folle !

Merci pour le diagnostic… Finalement, autoentrepreneur, je vais finir par l'être. La dernière étape de la dégringolade.

Je me suis décidée à prendre ce statut vraiment en désespoir de cause, pour pouvoir accepter des boulots de secrétariat à domicile. Et le résultat, c'est que je ne suis plus à la Sécurité sociale classique, mais au RSI. Le régime des indépendants. Qui ne donne droit à rien, ou presque. Pas de prise en charge des accidents du travail, pas de congés maladie. Si je suis trop malade pour me lever, c'est pour ma pomme. Je perds mes indemnités journalières de chômage, puisque je suis en maladie, et personne ne prend le relais, puisque je ne suis plus à la Sécu. C'est pas formidable, ça ?

Tout le monde m'avait présenté ce statut comme la liberté ultime, le sésame pour trouver du travail à la tâche, mais je me suis bien fait avoir. La seule chose qui pourrait me sauver, c'est un CDD de quatre mois au minimum… Pour retourner du bon côté du miroir – ou de la Force, comme vous voulez.

Je me sens encore plus seule, encore plus exclue qu'avant. J'ai l'impression qu'on m'a jetée du dernier wagon du train, celui où on m'avait reléguée… Je suis sur le ballast, les quatre fers en l'air. Et je regarde s'éloigner le convoi.

Bon sang, mais nous sommes plein dans ce cas ! Je les vois, tous, qui grappillent comme ils peuvent des sous à droite, à gauche, en acceptant des tarifs de misère, en fermant les yeux sur les heures supplémentaires qui foisonnent. Je pense à Michèle, qui a accepté un travail à mi-temps pour une mairie et qui y passe quarante heures par semaine au bas mot, sans rien demander de plus, juste pour montrer qu'elle est motivée… Peine perdue, puisqu'une favorite du maire a exigé le poste. Ma Michèle, elle se démène dans tous les sens, elle a quinze idées à la minute pour tenter de s'en sortir. Je ne sais pas où elle trouve toute cette énergie… Dès que je parle autour de moi, je tombe sur des cas comme le sien. Des gens qui vivent de troc, de petits services…

En attendant, on me conseille de sortir. Mais sortir pour faire quoi ? Voir les autres vivre ? Voir les autres faire ce que moi, je ne fais plus ? J'en suis là, oui. J'en suis au point de ne plus vouloir quitter mon appartement. J'en suis au point d'avoir peur de voir les autres gens.

La dernière fois que je suis allée au Starbucks Coffee, j'ai été prise d'une sorte de malaise, suivi d'une crise d'angoisse. J'avais commandé des trucs délicieusement dégueulasses à boire et à manger et, assise à ma table, je regardais, j'écoutais les autres gens.

Ce jour-là, un groupe de jeunes femmes est arrivé dans un joyeux brouhaha. Pendant que l'une passait la commande, les trois autres se sont affalées sur les sièges, laissant choir leurs sacs. Je voyais se détacher des lettres composant des marques comme GL, BHV, DPM, 1-2-3. Elles en ont extirpé les vêtements, se les passant de main en main.

— Waouh, ce que tu vas être classe ! dit l'une.

— Oh, j'avais pas vu ! Tu l'as pris finalement ? demande une autre, à propos d'un petit haut ravissant.

Je détourne le regard pour ne pas me souvenir que, moi aussi, j'ai vécu de jolies heures avec mes copines avant de prendre un train pour rentrer chez moi et continuer la conversation par SMS. Que j'ai oublié de descendre à ma station tellement on se marrait avec Sylvie à échanger nos bêtises. Ce soir-là fut mémorable. J'ai attendu plus d'une heure à la gare suivante le train qui partait dans l'autre direction.

Mais quel fou rire le lendemain à la cantine quand on en a parlé !

Un couple vient de s'installer à la table voisine. Elle a les yeux rouges et bouffis. Il pose ses mains sur les siennes.

— C'est mieux comme ça, je t'assure. On se ferait trop de mal.

Matthieu… Je pense à Matthieu. À ce jour où j'ai fini par lui dire :

— Je n'en peux plus, je pars…

Ce vide. Notre vie foutue en l'air. Nos efforts foutus en l'air… Je suis là comme une conne, seule, à Paris, un soir d'hiver, dans un Starbucks qui me devient étranger et où, je dois l'avouer, j'avais espéré croiser Guillaume.

— Ça ne va pas, madame ? me demande, inquiet, un des serveurs que je trouve soudain ridicule avec son tablier.

Pourquoi est-il déguisé comme ça ? Tout est faux, tout est factice. La vie qu'on nous impose est une comédie où chacun tente d'interpréter un rôle qui n'est pas le sien. Nous ne sommes plus dans la vraie vie. On fait semblant. On fait tous semblant. Mais qui sont les spectateurs ? La salle est-elle comble ou déserte ? Je n'entends pas les applaudissements.

Je ne veux pas mourir sur scène. De toute façon, je pense que je vais partir puisque le rideau est tombé et que, depuis, il n'y a plus de rôle pour moi.

Mais après quoi courons-nous, tous ? On construit des décors où on fait semblant d'être heureux, sans rien écouter de ce que notre corps nous dit, de cette violence que l'on vit quotidiennement.

Je n'irai plus au Starbucks. Je n'ai plus envie de regarder les autres gens dans l'espoir que, un jour, je serai de nouveau parmi eux.

Janvier 2015

« Désormais, on ne nous verra plus ensemble… »

J'ai mis du temps à comprendre certaines choses. Faut dire que je suis un peu neuneu, moi, aussi. Pour moi, Facebook est un lieu d'échanges, et c'est tout. Un groupe d'amis qui a plaisir à se retrouver chaque jour, certes virtuellement, faute de se voir en vrai plus fréquemment. C'est ma communauté, dont je vous ai parlé. Un lieu de chaleur, vous vous souvenez… Ceux-là, ils restent avec moi !

Mais pour d'autres, c'est une manière d'étaler leur bonheur, sans aucune considération pour la vie de leurs « amis », ou encore de donner des leçons, eux qui ont « tout compris ». Eux, ils savent « construire leur bonheur ». Ils se « donnent les moyens ». Ils ont tout compris de la vie, quoi, pas comme ces « loosers » qui sont au chômage…

Ces mêmes gens ont oublié qui ils sont, d'où ils viennent. Certains ont réussi parce qu'ils se sont servis des autres, y compris de leur propre famille. Maintenant qu'ils ont trouvé le bonheur, ils jettent purement et simplement ceux qui les y ont aidés.

C'est banal ce que je dis, je le sais, mais quand on est au creux de la vague, s'entendre dire par un type qui est parti avec un très gros chèque, lors du plan de licenciement de sa boîte, qu'il « se donne les moyens de rebondir, lui » ! J'ai des envies de meurtre. Parce que oui, il a retrouvé un boulot, mais en étant franchisé. S'il n'avait pas apporté d'argent, il n'aurait pas de boulot.

Allez hop, à dégager !

Je ne parle pas non plus de la fille, jeune retraitée d'un organisme public et avec de gros moyens s'il vous plaît, qui nous la joue *Petite Maison dans la prairie* en parlant de sa maison d'hôtes et qui, en fait d'être simple, est surtout très, mais alors très chichiteuse. Elle se la raconte en nous expliquant qu'elle est accomplie, désormais, parce qu'elle a appris à faire des gâteaux maison et des plats d'hiver et qu'elle revient aux « vraies valeurs ».

Allez hop, à dégager !

Voir la publication sur Facebook d'une salariée d'une prestigieuse compagnie aérienne, qui fait le tour du monde en étant payée très cher par sa compagnie, et qui publie un statut larmoyant : « Si ça se trouve, je vais me retrouver au sol avec un salaire moindre. » Je m'en vais lui expliquer gentiment, à l'enfant gâtée, qu'elle a du bol de pas avoir eu à économiser toute sa vie pour s'offrir une pauvre croisière dans les îles grecques, que sur un claquement de doigts, Noël à New York est à sa portée et qu'accessoirement, mon pied où je pense aussi…

Allez hop, à dégager !

Voir la publication d'un autre : « Enfin des vacances bien méritées, mais nous devons changer de piscine, donc nous ne partons pas. »

Allez hop, à dégager !

Ou encore : « Cette année, nous ne savons pas quelle capitale européenne choisir pour notre week-end. On a tellement vu de choses, déjà, mais monsieur veut absolument partir. » Et ça, de la part d'une ex-collègue qui sait dans quelle galère tu rames.

Allez hop, à dégager !

Et j'en passe. Rassurez-vous : je ne suis pas jalouse. Tous mes amis vous le diraient, je suis la première à m'enthousiasmer pour eux d'un bonheur, d'un voyage, d'un week-end, ou de tout ce qui les rend heureux. Ce dont je parle, c'est de ceux qui ne voient pas plus loin que le bout de leur petit nez pointé vers le ciel, et qui se complaisent dans un égoïsme forcené !

Je me rendais bien compte que certains soirs, je me couchais avec une boule au ventre tout à fait extraordinaire. Je me réveillais en sueur, le cœur battant à tout rompre.

Pourquoi eux et pas moi ? Cette question revenait en boucle. Ils me renvoyaient un regard critique malveillant, accusateur et en même temps désinvolte.

J'ai supprimé les pervers. Ceux qui te disent : « Je ne m'entoure que de gens heureux. Les autres sont toxiques. » Dont acte, toi aussi, tu es toxique pour moi. L'étalage de ton fric, de tes vacances, de tes sourires forcés parce que tu as « choisi d'être heureux, c'est bon pour ta santé », et que tu le fais voir à tout le monde… Eh ben, oui, comme chacun sait, c'est aussi simple que ça ! Voyons, si vous êtes malheureux, c'est votre faute, puisque vous n'avez pas « choisi d'être heureux » !

Je ne supporte plus, je vire !

J'ai supprimé les ayatollahs du positivisme qui considèrent que s'occuper de ceux qui se plaignent est un risque pour eux. J'ai supprimé ceux qui boivent le verre à moitié plein : soit tu picoles, soit tu ne picoles pas, mais tu m'emmerdes pas avec tes demi-mesures !

Je ne supporte plus, je vire !

J'ai supprimé les narquois : « Mais comment ça se fait que tu ne trouves pas de boulot avec tes diplômes ? » Sous-entendu ton BTS de mémé !

J'ai supprimé les : « Youpi ! Je me suis donné les moyens, j'ai trouvé un boulot, moi ! » Très bien, formidable, dégage et bosse !

J'ai supprimé les Charlie de carnaval d'un jour et pas du lendemain.

J'ai laissé tous ces gens sur leur radeau de *La Méduse* et j'attends de les voir se bouffer entre eux, quand leur tour viendra. Parce que leur tour va venir !

J'ai supprimé beaucoup de monde et j'en suis contente. Je m'en porte bien mieux. Je positive, moi aussi. À ma façon.

Et puis devant ma porte aussi, j'ai balayé. Je ne vais plus voir les profils des ex-relations amicales, professionnelles ou autres. Je m'en fous, ça, c'est du passé, c'était avant. Aucun lien avec le présent et avec l'avenir, tout ça, c'est fini.

Et mes recherches dans tout ça ?

Eh bien, elles ne donnent rien malgré l'accompagnement.

J'en arrive à me dire que les employeurs n'oseront certainement pas miser sur un cheval de cinquante-cinq ans qui sera à la retraite dans sept ans. En même temps, je me dis qu'entre m'embaucher et embaucher une nana de vingt-cinq ans qui va leur faire trois gosses et leur coller un congé parental, ils feraient mieux de me prendre moi. Non, ce n'est pas méchant, c'est factuel.

Si je suis chère ? Mais non, puisque je suis demandeuse d'emploi longue durée, j'offre des avantages – je glisse ma petite phrase à chaque candidature, avec le lien de Pôle emploi qui explique tout.

Je ne suis plus contactée par les sociétés de travail temporaire et les cabinets de recrutement. J'ai recontacté toutes les entreprises auprès desquelles j'ai envoyé mes dernières candidatures. Ma bouteille d'eau posée à côté de moi, un stylo à la main, cochant mes cases sur mon cahier de devoirs… « Relancé : oui/non », « À rappeler : oui/non », etc.

Je me fatigue à me trimballer avec mes différents CV sous le bras et à les distribuer à tout le monde. Un soir, je me pointe à l'entrée d'un concert, à la Villette. Je me dis qu'en patientant, ils auront le temps de le lire, mon CV. Je me dis que vu la programmation, il y a des chances de tomber sur des décisionnaires. Je me dis que ça, c'est le seul truc, ou presque, que je n'ai pas encore essayé. Je me dis que je suis en train de me noyer, et qu'il faut que j'utilise mes dernières forces pour me démener, encore…

Pour vous dire à quel point j'en suis. Sérieusement, c'est pathétique.

*

* *

Voilà, nous sommes le 21 février 2015, je vais faire mes adieux à mon ancienne vie.

Martine ma confirmé que le poste de dame de compagnie est toujours vacant. Je m'organise.

J'envoie ma lettre de préavis à M. Philippon, mon propriétaire.

Et je commence à mettre ma vie en cartons. Enfin, ce que je vais garder. Le reste, j'ai déjà commencé à le vendre dans des vide-greniers – le vendre… le brader, plutôt. Mais ça, je vous l'ai déjà raconté…

Mars 2015

J'ai mis mon réveil à 6 heures.

Je vais enterrer ma vie d'avant.

Je vais revivre une dernière fois ce que j'ai vécu pendant dix ans. Ensuite, je m'offrirai un pot de départ.

J'hésite sur le choix des vêtements, dois-je m'habiller en noir ? Bof, tout le monde se fiche maintenant de la couleur des tenues pour les enterrements.

Je prends le train en même temps que les autres gens et, pour la dernière fois, je composte un billet pour aller à Paris depuis chez moi. Ensuite, je prends un bus, puis je descends à Saint-Paul. Je traverse le boulevard, j'emprunte la rue Pavée et je passe une dernière fois devant la synagogue, l'école religieuse en face.

Je vais jusqu'à l'angle de mon ancien bureau et je regarde certains de mes anciens collègues ayant échappé au plan de licenciement rentrer dans les locaux. Je vois d'autres gens que je ne connais pas, des nouveaux sans doute. Puis je vais me poser sur un banc et j'attends. Je regarde autour de moi et je plonge dans mes souvenirs. Ensuite, je me poste de nouveau à l'angle de la rue, priant pour que personne de ma connaissance ne vienne par là. Dieu m'entend.

Je me hasarde à les suivre discrètement jusqu'au restaurant d'entreprise où j'attends, sur le trottoir d'en face, leur sortie. Ils vont, comme d'habitude, même après toutes ces années, au même troquet, qui a dû changer de propriétaire depuis le temps, puis ils vont emprunter la rue des Archives, passer devant chez Jadis et Gourmande et les archives de la presse qui sont désormais fermées.

Nous allons ainsi, eux devant, moi derrière, jusqu'au Bazar de l'Hôtel de Ville. Je n'y entre pas, je rebrousse chemin et je m'assieds à la terrasse d'un café. J'y mange un sandwich, bois un café, puis repars.

J'ai touché les pierres de cette rue, ceux qui connaissent comprendront. Je me souviens avec tendresse de toutes les fois où nous avons croisé Alex Métayer et plus particulièrement celle où il a signé un autographe, destiné à ma tante Dany, sur son paquet de clopes que nous l'avions forcé à vider. Je me souviens de Patrice Chéreau et de sa timidité légendaire, mais surtout de son regard magnifique.

J'ai traversé à la place de l'Hôtel-de-Ville, me suis retournée une dernière fois. Et j'ai décidé d'oublier, même si je suis triste car je ne finirai pas ma carrière dans l'entreprise que j'ai aimée, que je ne transmettrai pas mon savoir à une jeune femme intégrant mon poste pour me remplacer, que je n'aurai pas de pot de départ entourée de mes collègues, dont certains que j'ai vus aujourd'hui pour la dernière fois sans qu'ils le sachent.

Vous ne m'avez pas vue aujourd'hui. Mais moi oui. Je vous aime, je vous embrasse.

Je t'ai vue, ma poupette, entrer dans le BHV et je me suis souvenue de ce jour où, au moment de payer, tu as découvert dans ton sac à main une saucisse de Francfort glissée par Gigi et moi quand tu étais allée chercher le sel, lors de notre déjeuner à la cantine. On t'a dit de pas saler, tu vois, tu n'écoutes pas !

Je t'ai vue, Magali, toi aussi, à l'instant, entrer au BHV. Je sais que tu vas ressortir avec un sac plein à craquer de fringues.

Et toi, Anne, tu vas piller le rayon Bricolage. T'es bien la seule à aimer le bricolage dans notre groupe.

Quant à toi, Bruno, je te vois attendre dehors à mater les petits culs des mecs. Ne rougis pas, va, je sais depuis longtemps.

Je vous ai vues, Isa et Constance. Le bras de l'une sous celui de l'autre. Agrippée l'une à l'autre. Ma gorge s'est nouée, mes yeux se sont embués. C'est bon de vous voir ensemble. Ne vous inquiétez pas. Sylvie est là avec moi. Je l'emmène partout.

Je n'aurai pas ma fin de carrière auprès de vous, mes amis. Et non, je ne la voyais pas comme ça, ma vie.

Ma vie n'est plus ici, elle m'attend ailleurs…

Septembre 2015

Je suis assise dans le jardin de Tante Marthe et j'attends que François, Maxime et Martine arrivent. Nous les avons invités à dîner. J'ai sorti la table sous la tonnelle. J'ai installé un joli couvert qui fait sourire Tante Marthe.

— Tu as sorti le service de ma mère, dit-elle, amusée.

— Je n'aurais pas dû ?

— Si, tu as bien fait, Margaux, et puis il faudra aussi dire à François de remonter du vin. Il sait où il se trouve. Ils sont amusants tes bougeoirs !

Je dois reconnaître que j'ai dressé une belle table. Je me suis amusée à la faire semi-campagnarde, semi-chic. J'ai disposé des lumignons réalisés avec des pots de yaourt en verre, décorés d'une dentelle que Marthe m'a donnée. J'ai confectionné un chemin de table, des coussins pour les chaises et des serviettes de table assorties dans du tissu trouvé au grenier. La table, je l'ai poncée, nettoyée, et peinte. Elle était laissée pour morte au fond de la grange.

Durant l'été, tout en écrivant ce texte, j'ai fait quelques travaux dans la maison. Je n'avais jamais fait ça avant. Je m'y suis mise avec l'aide de François. J'ai appris à le connaître. À adopter ses silences. Parfois, nous restons tard lui et moi à travailler au potager. Puis nous nous reposons sur la terrasse, sans mot dire. Ou juste l'essentiel. À ses côtés, je me suis calmée.

Un jour où nous étions dans les vignes ensemble, je me suis risquée à m'approcher de lui un peu plus près.

— J'ai perdu ma femme et nos deux enfants dans un accident de la route, il y a cinq ans. Je ne suis pas disponible, Margaux. Pas disponible du tout.

J'ai dit « pardon » et je suis retournée devant mes pieds de vigne.

Nous avons repris notre relation comme si rien ne s'était passé. Il n'y a pas eu de gêne vis-à-vis de cela. François n'est pas quelqu'un de rancunier et moi je n'ai plus envie de m'ennuyer avec des états d'âme. Les choses sont ce qu'elles sont.

Nous avons vécu un été magnifique ensemble. Tante Marthe a des amies anglaises délicieuses qui viennent à la maison. Nous faisons des *tea time* chaque vendredi après-midi. L'occasion pour Tante Marthe de sortir son magnifique service à thé et ses serviettes brodées. J'apprends à faire des scones, et j'ai du mal, j'avoue. Heureusement, Debbie, une des amies anglaises, est patiente et m'apprend à avoir le tour de main.

C'est l'occasion pour moi d'accompagner Tante Marthe chez ses amies. Je découvre des coins de la région que je ne connaissais pas encore : je vais à Esclottes, Mesterrieux, Castelmoron-d'Albret, Duras où les Anglais ont pris leurs quartiers d'été. Ils nous ouvrent leurs portes avec chaleur, sérénité, douceur. Une douceur d'accueil à laquelle je ne suis plus habituée.

Je renoue avec ma passion ancienne : les vieilles pierres. Je cours les églises romanes et leurs modillons, je parcours la campagne et je me gorge de soleil, de souvenirs. Je cours après les nuages. Comme avant, comme quand j'étais enfant.

*
*   *

La soirée a été délicieuse. Maxime nous a fait rire avec ses histoires de lascar, Martine était en verve, François détendu et moi… heureuse. Paisible. Je ne sais pas encore si je suis au bon endroit, je suis à mi-chemin entre la résignation et le choix dont je parlais tout à l'heure. Mais je n'ai plus de boule au ventre. Et je dors un peu, la nuit…

— Margaux, tu te souviens que nous devons aller sur la Côte d'Azur, l'Italie et la Corse ?

— Nous allons y aller tous ensemble, dit François. Je ne laisse pas partir les plus belles filles du village toutes seules !

La nuit tombe doucement, il fait bon. Je pose un châle sur les épaules de Tante Marthe, elle retient ma main.

— Je ne suis pas certaine d'avoir envie de partir en maison de retraite, dit-elle en nous regardant tous.

Et maintenant ?

Aujourd'hui, je vis avec un peu plus de quatre cents euros par mois : c'est ce que l'on appelle l'ASS, allocation spécifique de solidarité, qui est de 16,25 euros par jour. Son montant varie donc selon les mois. Mes allocations, je les dépense comme cela : une mutuelle complémentaire car je ne suis pas encore à la CMU, neuf euros de téléphone, un plein d'essence, et le reste passe en nourriture. J'ai arrêté de fumer. Le jour où je n'aurai plus personne pour m'héberger, je me retrouverai à la rue. Je n'ai pas de quoi assumer un loyer, si modeste soit-il. Ma plus grande angoisse se profile comme un spectre. Mais j'ai pris ma décision : vous ne me verrez jamais sur un trottoir, avec des cartons pour m'isoler du froid. Le jour où je n'aurai plus rien, je prendrai mon sac et je partirai. J'irai dans la montagne. Je disparaîtrai. De toute façon, je n'ai plus rien.

Combien sommes-nous dans ce cas ? Le chiffre du chômage est vertigineux : toutes catégories confondues, il atteint 6 510 300 personnes. En comptant celles qui sont en formation, malades, en emploi partiel, etc. C'est-à-dire six millions et demi de personnes qui ne vivent plus mais survivent, angoissées par ce couperet qui les menace. Six millions et demi de « précaires », comme on dit. Et encore, ce sont ceux qui sont inscrits à Pôle emploi. Mais combien n'appartiennent plus au système ? Comment allons-nous nous en sortir ? Nous tous, notre société, je veux dire. Il faut que nous inventions autre chose, que nous ayons des idées… Il faut que nous changions, mais comment ?

*

* *

Par la fenêtre de ma chambre, je regarde Tante Marthe marcher à petits pas sur la pelouse. Nous l'avons planté, l'arbre fruitier dont elle avait envie. Un pommier… L'hiver a été doux, les températures remontent déjà et elle s'inquiète : si la frêle pousse ne résistait pas à un gel tardif ? Elle me l'a confié hier, elle aimerait tant voir ses premiers fruits avant de quitter cette terre… Ça met combien de temps à donner, un fruitier ?

À des signes presque imperceptibles, on sent que le printemps n'est pas loin. Une lumière un peu plus chaude, des odeurs qui montent. La végétation frémit et moi, assise à ma table, je me sens en pleine léthargie. Vais-je reprendre de la vigueur, comme tous ces bourgeons qui ne demandent qu'à éclore ?

Je me retourne sur les mois qui viennent de passer et je sens que quelque chose a frémi.

D'abord ce livre, qui m'a libérée en me permettant de dire ce que j'ai sur le cœur. Et puis la ministre du Travail qui m'a reçue, après que je lui ai envoyé le manuscrit. Un rendez-vous où j'ai pu lui dire tout ce qui me paraissait important : pointer du doigt les aberrations du système et la douleur de voir comment nous sommes considérés.

Ensuite les gens que j'ai rencontrés ici. Les amis, les connaissances, les relations, tout un réseau qui s'est mis en place et m'a permis de reprendre pied dans une vie sociale qui me manquait. Tante Marthe, François, Michèle, Martine et les autres… Et puis les lieux qui me font tant de bien : le salon de thé de Monségur, les coteaux de Duras, le clocher de Monteton, la vallée du Dropt… Autant d'endroits où je me sens bien, autant de personnes que j'ai du bonheur à côtoyer.

Alors que me manque-t-il ? Bon, ben, vous l'aurez compris, non ? Ou alors c'est que vous n'êtes vraiment pas concentrés !

Allez, un dernier petit CDI pour la route… Allez, quoi !… Je n'ai pas baissé les bras.

Je n'abandonnerai pas !

Remerciements

Merci…

Au Chevalier qui supporte tout en cultivant ses roses,

À Michel & Dany, Chantal & Fernand, Jocelyne,

À ma Mère,
À Lyndia, Mary et Valérie,
À Pilou et Casta,
À mon Choupi,

À Christiane, Magali, Françoise, Aurélie, Emma, Marie-H,
À Bernard Blancan pour le soutien,
À Bernard Yerles & Thierry Godard,

À Dominique Soria et Lo Janowski,

À R. J. Ellory pour sa bienveillance,

À Christel et Anne de Pôle emploi,
À Aline, Valérie, Angélique,

À Anne & Muriel,
À Nadou,
À Olivier G.,
À mon Old Pat,
À Toute ma Communauté Facebook,
À ma Grenouille,
Et enfin aux « Onze du Boudoir » et à cette soirée du 5 septembre où tout fut possible et où tout a été possible...

Un merci plus que grand à Bernard Fixot dont je n'oublierai pas la gentillesse et la bienveillance.
Tout pareil pour Renaud Leblond qui m'a fait confiance.

Merci à toute l'équipe XO et à ma « jumelle », Caroline Sers.

Si, comme moi, vous aimez la musique, je vous propose quelques-unes de mes chansons préférées…

Michel Jonasz, *Les Vacances au bord de la mer*
Claude Dubois, *Le Blues du businessman*
Bernard Lavilliers, *On the road again*
Philippe Katerine, *Borderline*
Alain Bashung, *Bombez*
Sabine Paturel, *Les Bêtises*
Michel Fugain, *La Fête*
Michel Fugain, *Chante... comme si tu devais mourir demain*
Alain Souchon, *Foule sentimentale*
Alain Souchon, *On avance*
Bernard Lavilliers, *Les Mains d'or*
Alain Souchon, *C'est déjà ça*
Charles Aznavour, *Désormais*

Composition et mise en pages
Nord Compo à Villeneuve-d'Ascq

CET OUVRAGE
A ÉTÉ ACHEVÉ D'IMPRIMER
SUR ROTO-PAGE
PAR L'IMPRIMERIE FLOCH À MAYENNE
EN MARS 2016

N° d'édition : 3150/01
N° d'impression : 89566
Dépôt légal : avril 2016

Imprimé en France